Ecos del pasado

Trabajo terapéutico sistémico en constelaciones familiares

CAROLA CASTILLO

Carola Castillo

Carola Castillo es docente, con estudios en psicología, terapeuta sistémica, escritora y conferencista Internacional.

A través de sus trabajos y sus espacios de comunicación, Carola Castillo, "buscadora de buscadores", te guiará por los caminos de la verdad y te mostrará que el resultado de todo es el amor, en todas sus dimensiones.

Su sitio oficial, www.carolacastillo.com un portal para la sanación expansiva; medicina cuántica ancestral.

"Toma conciencia de dónde vienes, quién eres y a dónde vas"

Indice

Prólogo

La poesía viene en todas las formas y presentaciones. No todo poema contiene palabras o debe estar plasmado en una página. La primera vez que vi a Carola Castillo realizar un movimiento en una Constelación Familiar, algo se movió dentro de mí, tal y como nos puede mover un poema de amor de Neruda con una palabra o frase seductora para luego, a otro nivel y con una sola imagen, hacer desaparecer nuestro mundo tal como lo hemos concebido.

Ya yo había visto a muchos facilitadores trabajando. Después de todo, gracias a mi propio trabajo como constelador, había visto a muchos de mis colegas presentar y conducir numerosas sesiones. Pero lo que presencié ese día despertó algo muy particular dentro de mí. "¿Quién te enseñó eso?", le pregunté. "¿Está permitido hacer eso en una constelación?". En una oportunidad, por ejemplo, colocó a una mujer diminuta sobre una silla para darle mayor altura. En otra, cortó del jardín un par de flores moradas para entregárselas a un rabino para que se las obsequiara a la primera esposa olvidada de su abuelo. "No sé de dónde me salió hacer esto", dijo ella, "Simplemente algo me dice que lo haga." Ese mismo día mi trabajo comenzó a cambiar. Lancé por la ventana todas las reglas que había aprendido y empecé a tomar riesgos enormes. Los movimientos que ella hizo eran sencillamente increíbles.

Carola trabaja fuera de las fronteras delineadas y no sigue regla alguna. Ella vive y existe sobre su propia caja. Místicamente creativa e increíblemente sensible, logra tocar corazones con cuidado y sabiduría.

Dentro de cada corazón existe un camino que nos conduce a "casa": a nuestros padres. En este camino descubrimos y recuperamos este respeto y amor profundo por ellos. Es un camino que no los juzga ni los critica, ni nos distancia de ellos, pero que los trae hacia nuestro interior de manera ávida y total.

Con frecuencia, y a medida que nos movemos en la vida, aprendemos a protegernos, armándonos contra el dolor que experimentamos, y como sentimos que esa armadura nos puede hacer sentir más seguros, tendemos a alienarnos de nuestras emociones de amor y compasión. Por lo general, suspendemos nuestra empatía hacia las mismas personas que poseen la habilidad de herirnos hasta lo más profundo de nuestro ser. Pero en muchos casos, estas personas son nuestros propios miembros familiares. A veces tememos que ellas nos puedan volver a rechazar de la misma manera en que, quizás, nos sentimos rechazados en el pasado. Es posible que nos quejemos de que nuestros padres no estén disponibles como padres, y de que no sean tan sensibles como habríamos deseado que fueran. En respuesta, y por un mecanismo de defensa, los rechazamos o nos distanciamos de ellos. Pero tomar este camino muchas veces conduce hacia un callejón sin salida. Una vez que hayamos llegado al final, es imposible moverse hacia adelante. Tememos que si dejamos que nuestro amor fluya libremente, también fluirá un torrente de dolor, y eso es cierto. Sin embargo, es así como nos curamos, es así como nos desplazamos por el camino de la paz.

Al hablar sobre el Trabajo de Constelaciones Familiares de Bert Hellinger, muchas veces decimos que es como escarbar la arena buscando agua en el desierto, buscando el amor enterrado bajo capas de dolor.

A veces nos decimos a nosotros mismos que el destino nos entregó a los padres equivocados, y pensamos que si tuviésemos los correctos, seguramente nos habrían dedicado un mayor y especial cuidado. Lo que no pensamos es que quizás ellos también tuvieron que anestesiar y enterrar sus sentimientos hacia sus padres. De esta manera, un patrón sistemático de niños anestesiándose puede durar siglos y siglos. El don de Carola reside en su habilidad mágica para abrir la puerta del corazón. Utilizando cuentos, imágenes u oraciones que llegan al núcleo, o ubicaciones físicas simples, y hasta pequeños figurines creados especialmente por un artista venezolano, Carola puede transformar a un cliente enojado, o amargo, o tímido, en una fuente de amor. La he visto hacerlo infinidad de veces. Es más, aquellos con quienes ha trabajado parecieran ser más libres.

Lo puedo sentir.

Es probable que al lector le sorprenda la información contenida en Ecos del Pasado. Quizás lo cohiba, quizás lo suavice, o tal vez le permita abrirse de manera tal que llore durante horas. Es posible que se vaya sintiendo sensible e introspectivo a medida que vaya experimentando los ejercicios y casos contenidos en estas páginas. Y sin importar si sus padres se encuentran vivos o muertos, le garantizo que los sentirá respirando dentro de su corazón, calmándolo y fortaleciéndolo al mismo tiempo. El camino hacia la paz comienza al hacer las paces con la propia familia. Carola lo lleva a uno hacia allá. Lo único que debe hacer es leer.

- Mark Wolynn

Agradecimientos

Gracias a mis padres José Manuel y Lilian. A la vida que viene de todos ellos, hermosa, que me acompaña y que honro cada minuto de mi existir.

A mis hermanos Liliam, José Manuel y Juan Carlos, que han sido fuente de tanto aprendizaje.

A Rubén Lobo Hernández y Javier Taboada Herrezuelo, porque en la cotidianidad de la vida está la verdadera magia.

Gracias eternas... A mis hijos Christian Lobo y Andrea Taboada, que dieron su tiempo y su espacio, "mamá es feliz".

A Mark Wolynn: su paciencia y amor dieron "paz a mi alma" cuando yo más lo necesitaba.

A Bert Hellinger, siempre fuente de inspiración, desde lo esencial hasta mis luchas por lo inexplicable...

A los que vinieron antes que yo, permitiéndome aprender y crecer, en especial a Harald Hohnen, Gunthard Weber, Stephan Hausner, Thomas Munzer, Drindy Keller y a todos los que no menciono.

A Salomón, Maña y Raquel Schlosser.

A mis amigos todos, en especial a Rafa Cordova e Isabel Constantini, cuyos aportes económicos fueron de los primeros y más importantes. Gracias.

A Gillian Day, guía y luz en todo momento, a Yunis Torres y Elsa Almonte.

A Santiago de Angulo, Conchita y Manolo Taboada: su generosidad no tiene límites.

13

A Sandra Miller por creer en el amor. A Randolph Rosal Machado.

A Juliana Boersner y Daniel Duque: sus consejos y apoyo fueron claves para esta publicación.

A mis estudiantes y, en especial, a todos aquellos que facilitaron en todo momento, sin dudar, los avances e investigaciones de mi trabajo.

Gracias a todos los que vinieron a participar en el trabajo; sin ustedes este libro habría sido imposible.

Introducción

Trato de sintonizar mi radio, un parlante invisible que tengo en mis manos y sólo he comenzado a entender estos ecos del pasado que hablan por mí. ¿Y qué más, si de allí vengo?... ¿Y qué más, si los quiero?... ¿Y qué más?

Canto para ustedes...

Ahora voy en un avión rumbo a Estados Unidos a dar un taller de Constelaciones Familiares en un idioma que no es el mío, lejos de casa y entendiendo que nada tiene frontera ni tiempo, como la vida misma.

Cuando nos interesamos por un libro, una de las primeras cosas que hacemos es ver la solapa para saber quién lo escribió, para conocer un poco más de la persona que está detrás de lo que nos llega al alma a partir de la lectura.

Hellinger me enseñó que las cosas personales no se deben contar, pues esto nos resta mucho en nuestro proceso de dignidad. Sin embargo, me agrada la idea de plasmar parte de mi historia en la obra que me tocó actuar, y compartirla. Es la historia de un alma que creyó en algo sin saber lo que sería, de un alma que fue llamada a participar en una obra de teatro, en la que las tablas no serían otra cosa sino su propia vida. Mi vida.

Soy la segunda hija de mis maravillosos padres José Manuel y Lilian, seres completos, inmensos y perfectos directores de mi obra, que junto con mis hermanos Liliam, José Manuel y Juan Carlos, conformaron el reparto perfecto de esta obra.

No hubo forma de que nos pudiésemos equivocar, cada quien tuvo las líneas correctas. En mi representación aparecieron actores especiales, con líneas cortas y específicas: los padres de mis hijos, actores de primera categoría, traídos directamente desde España por una agencia llamada "inmigración". Ellos, a su vez, me dieron el papel protagónico de ser madre.

Durante la realización de la obra, muchas veces surgieron cosas hermosas y otras duras, pero lo importante era continuar con la presentación, cualquiera fuese el resultado. Total, a la vida lo único que le importa es que todos seamos actores plenos de dignidad y que, en lo posible, veamos con amor y respeto lo que a otros les tocó.

Uno de los eventos que marcó profundamente la realización de esta superproducción fue la repentina ausencia de uno de sus protagonistas: mi hermano menor fallece. Sin posibilidad de detener la obra, todos los actores nos miramos y supimos que no habría reemplazo ni sustituto posible; es que sólo él sabía sus líneas a la perfección. Decidimos darle sus créditos y dedicarle el gran final, ya que, sin darnos cuenta, es allí donde todos nos vamos a encontrar. El día del estreno será especial porque todos estaremos allí.

A la obra comenzó a faltarle empuje y la motivación empezó a desvanecerse. Fue entonces cuando tomé la decisión de hacer las cosas a un lado por un momento, y me dije: "Lo mejor es crecer, lo mejor es asumir la responsabilidad de mi propio guión." Después de buscar por muchos años cuál sería el verdadero recurso que me daría lo anhelado, tomé la decisión de ir a Alemania a ver a Bert Hellinger (2001).

Ya había observado su trabajo a través de otros terapeutas y, sin embargo, había algo que no comprendía bien. Quería más, quería acudir a la persona que me daría las tonalidades de los diferentes colores que llevaría en mi vestuario.

Lo pensé y lo analicé, y a pesar de que lo que implicaba mover-me hacia esta dirección me daba miedo, decidí avanzar, ya que comprendí que cuando se decide ser actor hay que ser el mejor, no solamente un actor más.

Cuando llegué a Alemania fui a una gran conferencia en la ciudad de Würzburg, y tuve la oportunidad de conocer a una mujer y a su padre Salomón, sobreviviente del campo de concentración en Auschwitz quien, compartiendo conmigo una caminata en una hermosa tarde, con una profunda mirada, escalofriante por lo poderoso de su amor, me relató que su hijo había fallecido de una enfermedad, y que para él la diferencia entre la paz y la guerra era que "en la guerra se pierde a un hijo y en la paz se pierde a un padre".

Salomón me enseñó que los grandes actores como él, una vez que protagonizan grandes papeles, no recuerdan mucho lo que fue la obra como tal; si hubo actores malos o buenos. Lo importante es poder ver desde el escenario hacia delante y escuchar los aplausos que la vida nos entrega, para hacernos sentir que es justo ahí donde está la paz: en honrar a los que vinieron antes, cualquiera haya sido su suerte, buenos o malos.

Había comprado un hermoso libro sobre Venezuela para Hellinger, y logré entregárselo personalmente después de la primera jornada, que contó con 1.600 asistentes.

Nunca imaginé que seguir a la vida, tal cual como se me presentaba, sería, sin preguntar mucho, la puerta más grande que abriría. Conversé con él y pensé que todo llegaría hasta allí. Hoy en día represento a los Institutos Bert Hellinger de Venezuela y de Western Pennsylvania, USA. He viajado alrededor del mundo para estar con Bert, aprender más y llevar mis propias enseñanzas a mi más largo alcance.

Tengo la dicha de enseñar esta maravillosa herramienta a las personas que multiplican el trabajo en diferentes países y/o ciudades. Ahora publico mi libro, el cual después de la experiencia con la consulta individual y en grupo, representa un avance importante en los pasos que aún faltan por dar. De esta manera, comparto mi trabajo y mis experiencias, también por escrito.

La experiencia de este trabajo es un camino educativo más que terapéutico. Nos lleva a entender las grandes razones que desunen a nuestras familias y a sus protagonistas, y también cómo podemos hacer para tomar lo esencial que viene de ellos: "La Vida", y a partir de allí, de ella, lograr lo más importante: continuar.

Mientras continúo actuando en mi gran obra, surgen nuevos personajes y nuevos eventos, pero los principales están siempre allí, acompañándome, cualquiera que sea mi escenario. Son los ecos de mi pasado, que se escuchan detrás del telón. c

No hace falta abrir el telón; yo sola los siento, y sé que en mi próximo acto me acompañarán, me observarán y me apoyarán, permitiéndome sentir cómo puedo hacerlo diferente y, aún mejor, llena de bendiciones.

- Carola Castillo

Recibimiento

Has llegado al maravilloso mundo de las Constelaciones Familiares! En este momento eres invitado a emprender un viaje inolvidable. Lee este ejercicio y luego llévalo a la práctica. Tómate tu tiempo para éste y los siguientes ejercicios que se presentarán a lo largo del libro. Elige un lugar tranquilo donde puedas tomarte unos minutos a solas, ya que, a partir de ahora, y a lo largo de la lectura, podrás encontrar respuestas importantes acerca de lo que has o no alcanzado en la vida.

Cierra los ojos e imagina a tu padre y a tu madre delante de ti, y a todas las personas que hicieron posible que tú llegaras hasta aquí, al día de hoy, en el que te encuentras con este libro en las manos. Date cuenta de qué se siente tener cerca a tus padres, tenerlos delante. ¿Dónde te gustaría estar?: ¿lejos?, ¿en el medio?, ¿detrás?, ¿viéndolos de frente?, ¿al lado de ellos?

Ahora colócate justo delante de ellos, míralos a la cara, a los ojos por unos instantes, y cuando sientas que ha llegado el momento, haz una reverencia, inclinando tu cabeza desde tu centro y desde tu amor. Respirando por la boca de forma calmada y pausada, diles con tu voz interior: "Papá, mamá, gracias por la vida que me dieron. Lo tomo todo de ustedes al precio que sea, y voy a hacer algo bueno con este regalo".

¡BIENVENIDO!

CAPÍTULO I

Las Constelaciones Familiares

Las Constelaciones Familiares son una nueva perspectiva terapéutica que se ha desarrollado desde hace más de una década. Actualmente las utilizan no sólo psicoterapeutas, sino también médicos, educadores, trabajadores sociales, consultores empresariales y otros profesionales de distintas ramas, y éste es sólo el comienzo.

Las Constelaciones Familiares no son una teoría, son el resultado de la unión de principios provenientes de varias escuelas psicoterapéuticas tales como la Terapia Sistémica Familiar, la Terapia de Comportamiento, la Gestalt, el Psicodrama, la Hipnoterapia de Milton Ericsson y el Grito Primario de Arthur Janoff, entre otras. Bert Hellinger, después de haber trabajado con estas diferentes técnicas por más de treinta años, desarrolló su propia terapia, la cual hoy se llama "Constelaciones Familiares".

Hellinger descubre que al constelar o "conformar" familias con participantes utilizados como representantes de los verdaderos implicados, ocurren conexiones especiales, y estos representantes comunican la información de los miembros de la familia que ellos representan. Este es un proceso difícil de explicar, y él lo ha catalogado como fenomenológico, y sirve de gran herramienta para el terapeuta, porque aún sin tener información de la familia, las constelaciones muestran los lazos invisibles de amor a los que la persona que presenta su caso puede estar conectada. Una vez que esto ocurre y hay el reconocimiento, algo cambia.

Cada día, mediante la experiencia grupal e individual, se hacen nuevos hallazgos en este campo que adquiere progresivamente una connotación más avanzada. Por esta razón, seguramente las Constelaciones Familiares serán totalmente diferentes en el futuro, cuando incluso se cuestionen los métodos que se aplican en la actualidad.

EL DESARROLLO DE LAS CONSTELACIONES

Puede decirse que el método de trabajo en Constelaciones Familiares es ecléctico, ya que incorpora técnicas, procedimientos y experiencias psicoterapéuticas que incluyen, entre otras, la hipnoterapia, la terapia de la conducta, la Gestalt y la terapia sistémica en general.

El trabajo de las Constelaciones se construye gracias a las contribuciones de muchos predecesores, entre quienes destacan principalmente Jacob Moreno, Iván Boszormenyi-Nagy y Virginia Satir. Una breve introducción a estas tres aproximaciones ilustrará las razones por las cuales las Constelaciones usan, en el contexto psicoterapéutico, técnicas como las imágenes espaciales, la representación espacial y las perspectivas transgeneracionales.

PSICODRAMA Y TERAPIA GRUPAL

El psiquiatra Jacob Moreno (Rumania, 1889 - Estados Unidos, 1974) fue el pionero de la terapia sistémica dramática cuando, en los años 30, comenzó a usar el teatro improvisado con sus pacientes para crear una terapia que él llamó psicodrama. De esta forma, introdujo un concepto de terapia completamente nuevo que contrastaba con el psicoanálisis tradicional. Moreno trajo a observadores externos, quienes se convirtieron en participantes de la obra en un escenario en forma de teatro. Llevó a los pacientes a representar sus problemas y sufrimientos de una manera creativa en una arena pública, realizando un examen del pasado mientras guiaba a sus pacientes hacia las acciones e interacciones del presente.

Moreno construía escenarios en los que las escenas podían ser actuadas: dramas internos, sueños, fantasías y realidad, con miras a proveer representaciones de la vida lo más parecidas a la realidad. Usando esta libertad de representación y la creatividad de todos los participantes, Moreno procuró penetrar a niveles no usuales en la vida diaria del paciente.

El Psicodrama fue diseñado con miras a desarrollar métodos alternativos para manejar situaciones difíciles. Como método terapéutico, creó un espacio en el que el paciente podía experimentar con nuevos comportamientos en un contexto social seguro, apoyando siempre el desarrollo de la espontaneidad. Los consultantes podían contrastar sus miedos y ansiedades con la realidad, y el juego de roles facilitaba cambios en la conducta.

FENOMENOLOGÍA Y CLÍNICA PSICOTERAPÉUTICA

Al comienzo de los años 70, Iván Böszörmenyi-Nagy describió las estructuras de las relaciones yendo más allá de las aproximaciones individuales y transaccionales de la psicoterapia. Él trazó estas estructuras a partir de los eventos repetitivos, y casi predecibles, que había observado en las historias de miles de familias y en sus prácticas hospitalarias. Esto le permitió concluir que la profundidad de las relaciones está determinada por la existencia de dinámicas éticas.

Como estos efectos estructurales no son externamente observables, él los describió como "lealtades invisibles", y así tituló su primer libro (1973). En su experiencia, estas lealtades invisibles tienen un efecto más fuerte que aquellas acciones que pueden ser observadas, o que los patrones aprendidos que pueden asumirse desde la información biográfica.

La fuerte influencia de Martín Buber (Viena, 1878 – Jerusalén, 1965) es visible en el énfasis que hizo Böszörmenyi-Nagy en el balance entre el dar y el recibir (Buber, 1996). Un elemento esencial de las relaciones, descrito por Böszörmenyi-Nagy, fue la ética implícita que demanda justicia y retribución, factores que se extienden a menudo a través de múltiples generaciones. Él desarrolló la idea de una suerte de *"cuenta personal de deuda y retribución"*, que estaría monitoreada por un tribunal intrínseco transgeneracional. Este concepto se basa en la idea de que debe haber un balance entre lo que se recibe y lo que se da, y cuando tal balance no existe, la responsabilidad de saldar las deudas descansa sobre las futuras generaciones. Cuando una persona contribuye, se establece un crédito en el sistema que le da el derecho a esa persona de recibir algo en retribución. Las deudas que no son canceladas, son transferidas a las siguientes generaciones. La "terapia contextual" de Böszörmenyi-Nagy en su versión individual, con parejas y familias, atendió en primer lugar a este balance de las deudas intrafísicas (Böszörmenyi-Nagy: *Entre Dar y Recibir*, 1986).

COMUNICACIÓN Y TERAPIA FAMILIAR SISTÉMICA

Virginia Satir (1916-1988) desarrolló un extenso repertorio de técnicas terapéuticas, todas ellas enfocadas al trabajo con la familia como sistema, y en el que la comunicación jugaba un papel fundamental. Los miembros de la familia que fueron a su asesoría o terapia fueron guiados y apoyados en la comunicación abierta entre ellos. Los principios de su trabajo pueden resumirse con los siguientes enunciados:

El cambio es posible.

- Todos tenemos dentro de nosotros los recursos que necesitamos para nuestro desarrollo y crecimiento personal.

- Cada quien lo hace tan bien como puede en un momento determinado.

- Mientras más aceptemos y reconozcamos el pasado, mejor será nuestra capacidad para trabajar con el presente.La gente se conecta sobre la base de similitudes y crece a través de sus diferencias.

- Todos somos manifestaciones de la misma fuerza de vida. Las relaciones humanas saludables están basadas en la igualdad de valores.

- Cuando es posible aumentar los sentimientos de autoestima del paciente de manera que pueda aceptar a los otros como son, la base del cambio está establecida.

Usando la metáfora de un iceberg, Satir planteó que los terapeutas sólo pueden ver una punta de la conducta del cliente, la cual está enmarcada en el sentimiento de sí mismo *(self)*, que, a su vez, está basado en las actitudes, el estado de alerta, los sentimientos, las expectativas y los anhelos.

Virginia Satir llamó *Técnicas de una simulación familiar* a la estructura familiar que desarrolló. En este método, se disponían a los miembros de la familia en una representación espacial para que pudieran revelar las relaciones en la estructura de la familia. Los miembros de la familia asumían sus verdaderos roles o estos eran actuados por otros participantes del taller. Cada miembro de familia proyectaba en el espacio una imagen de su propia familia que exponía cómo cada quien experimentaba los patrones de comunicación y las reglas de la familia.

Satir usó esta estructura de trabajo en el marco de las reconstrucciones familiares para confrontar intensamente al paciente con su historia familiar. El paciente llevaba dibujado su árbol familiar y un genograma en el que describía las relaciones y todos los detalles que conociera de las vidas de los miembros familiares. En reconstrucciones que duraban varios días, se examinaban y presentaban las interrelaciones y la red social de los miembros de la familia, y las piezas faltantes de la historia familiar podían ser expandidas.

PRINCIPIOS BÁSICOS DEL TRABAJO SISTÉMICO EN CONSTELACIONES FAMILIARES

En Constelaciones Familiares no se puede hablar de leyes, y se considera, incluso, que no se puede establecer una técnica como tal. Es decir, no se lee un libro en particular o un capítulo específico para aprender, ya que los consteladores familiares siguen un proceso en el que utilizan, principalmente, su intuición. Es fundamental, sin embargo, que en las Constelaciones Familiares siempre se tomen en cuenta las bases fundamentales del trabajo sistémico, para lo cual se realizan entrenamientos alrededor del mundo con personas altamente calificadas.

En especial se pueden mencionar tres principios básicos:

Los órdenes del amor

En los sistemas familiares tiene más derecho el que estuvo primero, el que apareció antes. Por lo tanto, la pareja se encuentra antes que los hijos, los hermanos mayores antes que los menores, etc. En ocasiones, este orden no se respeta, y entonces se ven casos como hijos mayores que usurpan la posición de uno de sus padres, o un tercer hijo que toma la posición del primer hermano.

El orden se muestra en aquello que, por una parte, une y, por otra, permite un desarrollo.

La conciencia familiar incluye a los niños fallecidos durante el embarazo y a aquellos que murieron temprano. Por lo general, a estos niños no se les reconoce o se convierten en los "olvidados" de la familia, y por lo tanto, el sistema familiar exige su inclusión. También deben tomarse en cuenta a las parejas importantes previas a la unión que, como consecuencia, crearon un nuevo sistema, y también a las personas que causaron daño o beneficio a la familia.

Hay que estar atentos de no ir en contra de los órdenes del amor, porque cuando eso ocurre, se crea la sensación de que vivimos la vida de otra persona de nuestro sistema familiar. A esto se llama *embrollo sistémico*, y se manifiesta de diferentes formas. Por ejemplo, hay clientes que plantean que no pueden tener hijos. Sin embargo, desde el punto de vista médico, parecen estar perfectamente aptos para tenerlos. Cuando se lleva a cabo la Constelación Familiar, se puede encontrar que este cliente está embrollado o identificado con un miembro de la familia que pudo haber muerto dando a luz. Otro ejemplo sería el de un cliente a quien le resulta imposible conseguir pareja, y que puede estar embrollado con un miembro de la familia a quien no se le permitió tener una pareja. Estas dinámicas ocurren a nivel inconsciente. Cuando se realiza la Constelación Familiar, de alguna manera se reconocen a los excluidos y el cliente toma conciencia de lo que siempre fue un secreto en la familia. De este modo, el cliente se siente más liberado.

El dar y el recibir

Esta dinámica se presenta en todas las relaciones. Cuando recibimos algo, sentimos la necesidad de retribuir. En una pareja, si uno de los miembros comienza a tratar muy bien al otro, a invitarlo a salir, a darle obsequios y a hacer todo lo que le gusta, el otro siente que debe dar algo a cambio para así sentirse balanceado. Cuando las relaciones no se encuentran equilibradas en el dar y en el recibir, se genera una descompensación que tiende a la disolución.

El secreto de los intercambios positivos (de cosas que son percibidas como buenas) es siempre dar un poco más. De este modo, el otro querrá devolver más y esto hace que la relación crezca con el tiempo. En cambio, cuando se recibe algo negativo, el receptor debe buscar el balance demostrándole al otro que no fue de su agrado lo que recibió. Pero en este caso, el secreto es retornar un poco menos; es decir, en menor medida, haciéndole ver al otro que no se quiere continuar con la lucha. Así, se busca que el intercambio negativo desaparezca, porque si se retribuye con algo peor de lo recibido, el otro siente que tiene que seguir dando algo malo, y así se puede llegar a situaciones muy graves.

Damos de la misma manera que recibimos, y esto también se ve en otras esferas. Cuando, por ejemplo, entramos en una tienda y nos obsequian algo como galletas o té, sentimos que debemos comprar algo para compensar la atención que recibimos.

En esto del dar y del recibir, observamos que todos hemos recibido de nuestros padres el regalo más importante: la vida. Y luego, en la mayoría de los casos, hemos seguido recibiendo, y, por esta razón, en nosotros hay un sentimiento de querer retribuir algo. Los niños pequeños, para compensar, están dispuestos a dar hasta la vida por sus padres. El niño piensa: "Mamá, yo me enfermo por ti", o "Mamá, por ti soy capaz de morir", "Antes de que tú te vayas, me voy yo". Estas oraciones las utilizamos como rituales de sanación en Constelaciones Familiares. En estos casos, el niño cree inconscientemente que está regresando lo que sus padres le han dado, y por eso está dispuesto a hacer ese sacrificio.

Hagamos lo que hagamos, es imposible compensar a los padres por la vida que nos dieron. La única manera de compensar lo que hemos recibido es vivir plenamente cualquier cosa que hagamos. Cuando tenemos hijos propios, honramos el que se nos haya dado la vida de la misma manera en que la recibimos. Las personas que por cualquier razón no tienen hijos, deben buscar una forma alternativa de trascender, tomando la vida que se les dio y haciendo algo en beneficio de ella. La vida pide acciones, la vida pide más vida. ¿Y cómo se la podemos dar? Sembrando árboles, enseñando, escribiendo, haciendo obras de arte, construyendo, etc.

Una de las premisas en las Constelaciones Familiares es que cuando estamos pequeños, hacemos lo que sea por nuestros padres; cuando somos adolescentes, queremos hacerlo mejor que ellos y cuando somos adultos, somos una copia de ellos.

Las diferentes conciencias

Nuestra conciencia se deriva del grupo familiar al que pertenecemos. Cuando repetimos las mismas dinámicas que han prevalecido en nuestro sistema, nos sentimos bien, tenemos buena conciencia. Pero cuando hacemos algo que no ha prevalecido, nos sentimos diferentes, y a esto se le llama *mala conciencia*.

Nuestros padres son el primer grupo al que pertenecemos, por eso los niños hacen lo que los padres les piden, y así se sienten bien, porque sienten que pertenecen. Si imaginamos lo contrario, un niño que no hace nada de lo que sus padres le piden, este niño experimenta inseguridad, se siente mal y se pregunta: ¿Qué van a hacer mis padres conmigo?

Algunas veces creemos que la conciencia es algo mayor o superior a nosotros, algo que está relacionado con Dios. A todos nos gusta tener buena conciencia; no vemos a la gente correr y gritar profesando que se sienten con mala conciencia.

Hay que estar muy claro en este asunto de la conciencia, por ello cabe preguntarnos: las personas que luchan en las guerras o los que ponen bombas en Israel ¿tienen mala conciencia? Los terroristas, los dictadores, los torturadores, ¿tienen mala conciencia? Todos tienen a Dios de su lado, todos pertenecen a un grupo que les dictamina, en gran medida, lo que tienen que hacer, y si lo hacen, se sienten con buena conciencia. Algunas veces miramos a otros y nos preguntamos por qué no se sienten culpables cuando realizan actos que nosotros consideramos sumamente negativos. Eso es mirarlos desde afuera; si los miráramos desde más cerca, entenderíamos por qué se sienten inocentes.

Un caso que puede ilustrar esto de forma sencilla es el del adolescente invitado a fumar por compañeros que representan el grupo de los innovadores. En este ejemplo se plantea un conflicto de conciencia. En su casa, a este joven le han pedido que no fume. Si no fuma, se siente con buena conciencia con respecto a su familia, pero es probable que su grupo de amigos lo rechace por no querer asimilar la conciencia del grupo. Pero en el caso de que este adolescente fumara, porque siente una fuerte necesidad de pertenecer al grupo de compañeros, va a llegar a su casa y se va a sentir mal por haber fumado, y lo va a ocultar. Entonces, para su familia, se sentirá con mala conciencia, y para los amigos o el nuevo grupo, se sentirá con buena conciencia.

Hellinger se refiere a la conciencia como el sentido del equilibrio. Para Hellinger, la conciencia no es una fuerza mayor o algo dado por una justicia o concepto moral, sino un sentido social mediante el cual se balancean nuestras relaciones con diferentes grupos. Cuando estamos en determinado grupo, hablamos diferente a como hablamos cuando estamos con nuestros padres o pareja. Cuando los niños son de padres separados, hablan de diferente manera con cada uno de sus padres.

Desde que el niño nace, hasta aproximadamente los seis años, percibe el mundo de una manera egocéntrica, y puede hacer lo que sea para sentir que pertenece a su familia. Piensa que si se enferma por su madre, tendrá buena conciencia, y este deseo de padecer se puede demostrar de formas diversas como, por ejemplo, siendo propenso a los accidentes, adoptando tendencias suicidas, sufriendo de depresión, no consiguiendo trabajo, etc. Todas estas actitudes pueden obedecer a la búsqueda de tener esa buena conciencia. Inconscientemente, sólo queremos pertenecer a nuestro grupo. En muchos casos, sin saberlo, estamos rindiendo culto a nuestro sistema familiar, y algunas veces en consulta podemos ver cómo los clientes se sienten bien por estar enfermos

o por haberlo perdido todo. El terapeuta no puede emitir ningún juicio porque, si lo hace, no se contacta con la verdad. Hay que ver la capa más profunda, es decir, cómo esta conciencia conecta al cliente con su familia.

CAPÍTULO II

Fenomenología y ciencia

EL CAMPO DE LA INFORMACIÓN
(The Knowing Field)

Albrecht Mahr, psiquiatra y constelador, señala que la ciencia ha comenzado a proveer evidencias que confirman lo que han promulgado los maestros espirituales desde hace miles de años en lenguajes diferentes a los de la ciencia. Mahr señala que un físico cuántico, quien había tenido la oportunidad de conversar con el Dalai Lama, logró, en 1997, en su laboratorio, transportar partículas de luz unos cuantos metros. La información sobre el estado cuántico de dichas partículas se transfirió a otras partículas, y a esto lo llamó *teletransportación cuántica*. Es decir, que la luz se puede transportar sin utilizar ningún medio conocido. Para Mahr, esta transferencia también se puede realizar entre seres humanos cuando nos vaciamos del *saber* y nos entregamos al *campo de la información* del otro.

Los físicos cuánticos solían pensar que esto era imposible, debido a lo que Heisenberg llamó *principio de la incertidumbre*, en el que explica que no se pueden medir de manera precisa y simultánea todas las propiedades de una partícula. Por lo tanto, es imposible transferirlas. Sin embargo, los físicos norteamericanos encontraron un fenómeno que ocurre entre las partículas, denominado *embrollo* (término utilizado en las

Constelaciones Familiares para describir las conexiones existentes en los sistemas familiares). Este embrollo, en Física, significa que de alguna forma estas partículas embrolladas no pueden separarse unas de otras. Así, pues, si se miden las propiedades de una de dichas partículas, se puede llegar a determinar el estado de otras, sin importar cuán lejos se encuentren separadas.

Aquí se evidencia que la distancia no importa en estos procesos. De manera tal que, como humanos, podemos sintonizarnos en un nivel superior en donde lo que le sucede a alguien afecta a la otra persona. Esto demuestra cuán profundamente nos encontramos todos conectados.

También se sabe ahora que los estados cuánticos son muy frágiles, lo que significa que el sólo hecho de observarlos, puede modificarlos. Así que, obviamente, debe existir una conexión de energía justamente allí, entre la mente sutil y la materia sutil.

La naturaleza de esta información no tiene nada que ver con el intelecto ni con la mente. En cambio, cuando no se tiene intención, no interferimos en la energía o en la información transferida. En este sentido, las personas deben practicar el retenerse a sí mismas y entrenarse para abrirse a lo que están percibiendo en un marco de total aceptación, sin decir: "Oh, no, esto no puede ser". Este estado de rendición es el sentimiento o la cualidad espiritual que permite una clara percepción.

LOS CAMPOS MORFOGENÉTICOS

El biólogo Rupert Sheldrake, en su teoría de los Campos Morfogenéticos, plantea que existe un efecto resonante, un efecto colaborador, que explica la interacción entre los campos. Esta teoría, que ha sido comprobada mediante gran cantidad de experimentos de laboratorio, concibe al universo como un tejido dinámico de acontecimientos interrelacionados. La palabra "Morfo" proviene de forma, y "Génesis" de creación. Los campos morfogenéticos son formas creadoras, entendiéndose "campo" como la condición en el espacio que tiene potencial para producir una fuerza. Cada carga crea una "alteración" o una "condición" en el universo circundante, de manera que la otra carga se ve afectada.

Según esta hipótesis, cuando un miembro de una determinada especie aprende algún comportamiento nuevo, cambia en cierta medida el campo causativo de dicha especie. Si se repite el comportamiento durante el tiempo suficiente, su *resonancia mórfica* afecta a toda la especie.

Lyall Watson muestra un ejemplo de esto en su libro *The Biology of Consciousness*, en el que describe lo que ahora se conoce genéricamente como el principio del centésimo mono. Watson comprobó que después de que un grupo de monos aprendió un nuevo comportamiento, sus congéneres de otras islas próximas, totalmente aislados, también aprendieron dicho comportamiento.

Los campos morfogenéticos se apoyan en la existencia de una memoria inherente basada en cualquier tipo de sistema organizado que funge como una suerte de memoria. La manera en que se transforma y se traspasa esta memoria es a través de lo que se denomina la resonancia mórfica. Por lo tanto, cualquier individuo se encuentra influenciado/influenciando esa memoria y la experiencia de cualquier persona puede hacer un aporte a esa memoria colectiva y viceversa.

Esta concepción del universo lleno de campos que crean fuerzas interactivas explica nuestra capacidad para afectarnos mutua-mente a distancia por medios diferentes a la palabra o la vista. Es decir, es posible la transmisión de información entre organismos de la misma especie sin mediar o interactuar. Esta interconexión también está referida a los fenómenos de la física cuántica, a través de los cuales se ha comprobado que no existe "separatividad" entre las cosas.

El doctor en Física, David Bohm, afirma en su libro *The Implicate Order* que las leyes físicas primarias no pueden ser descubiertas por una ciencia que intenta fragmentar el mundo en sus diversas partes. Bohm ha escrito acerca de un *orden plegado implícito:* "Se considera que las partes presentan una conexión inmediata, en la que sus relaciones dinámicas dependen irreductiblemente del estado de todo el sistema...".

Un ejemplo de la teoría de los Campos Morfogenéticos ocurre cuando una rata de laboratorio aprende más rápidamente un truco determinado, porque otra ya lo aprendió anteriormente. Podemos ver que las ratas enfrentadas a los mismos problemas, bajo condiciones similares, se ajustan más rápidamente a la prueba, porque la información ya estaba en su campo, y de esta manera, ya tienen información que ha sido transferida. Esto es una especie de telepatía colectiva que funciona con el correr del tiempo.

En los seres humanos también existen ejemplos de esta teoría. Uno de ellos es que ha habido un aumento paulatino en la puntuación de las personas que presentan la prueba de Coeficiente Intelectual. Se considera que la experiencia de los que ya han presentado esta prueba contribuye positivamente a quienes la presentan hoy. Entonces, en la práctica, hay una relación entre los participantes presentes y aquellos que han hecho lo mismo en el pasado. Esto significa que tenemos más responsabilidad de la que usualmente asumimos.

Rupert Sheldrake ha hecho varios experimentos con seres humanos. Uno de ellos consistió en que a personas de distintas partes del mundo se les dio un minuto para encontrar rostros famosos escondidos en un dibujo abstracto. Se tomaron datos y se elaboraron medias. Posteriormente los resultados se transmitieron por el canal BBC de Londres en un horario en el que la audiencia estimada era de un millón de espectadores. Inmediatamente de realizada la transmisión, se realizó el mismo test en otro grupo de personas en lugares donde no se transmite la BBC, y los sujetos que hallaron los rostros en menos de un minuto fue 76% mayor que el de la primera prueba. La probabilidad de que este resultado fuera una simple casualidad era de 100 contra uno.

Sheldrake no ha sido el único en realizar experimentos de este tipo. Gary Schwarz, psicólogo de la Universidad de Yale, llevó a cabo un experimento en el que a estudiantes de Yale que no hablaban hebreo se les mostraron palabras hebreas de tres letras, y algunas de ellas ni siquiera eran palabras. Los estudiantes obtuvieron mejores resultados en el reconocimiento de palabras "reales" en una proporción superior a la que cabría esperar como mero fruto del azar.

CAPÍTULO III

Basamiento de la terapia de constelaciones Familiares

LA LEALTAD CIEGA A NUESTRA FAMILIA

Hay relaciones dentro de las familias que no se pueden ver a simple vista, que no se pueden reconocer fácilmente. Es por ello que como miembros de estas familias, hacemos regalos u obsequios a nuestros antecesores, motivados por lazos invisibles, los cuales funcionan como vinculantes, y concluimos realizando demostraciones de amor que no sirven para nada. Por ejemplo: le entrego la vida a mi madre porque ella sufrió. Esto es ser víctima de un dolor que realmente no me pertenece. Fue ella quien sufrió, pero en verdad la amo de esa forma y también quiero sufrir, porque esa es la buena conciencia: querer hacerlo igual que el otro.

Una vez que se le muestra al cliente con qué está conectado, éste se siente liberado o en paz. Cuando se encuentra el punto donde está la herida del sistema, el cliente la puede reconocer y así dejar de sentir la necesidad de retribuirle a su sistema familiar. Por eso, en constelaciones se dice que "donde está la herida, está la solución".

Cuando estos vínculos se observan, se pueden sacar a la luz estos lazos invisibles, surgiendo así la posibilidad de hacer las cosas de forma diferente. En ese momento, la persona se puede acercar a sus padres y decirles: "Gracias por el regalo de la vida. Denme su bendición si lo hago diferente". De lo contrario, la persona sigue conectada a ellos desde una posición de víctima, condenando su vida innecesariamente y buscando inconscientemente un destino trágico que realmente no le corresponde.

Se podría ejemplificar esto con el caso de una clienta que vive a expensas del dolor de su padre, porque éste perdió al suyo a temprana edad. Esta clienta tiene a su padre vivo, pero no se per-mite entenderlo o no lo disfruta debido al ciego amor que le tiene, y de alguna manera quiere para ella el mismo dolor que él padeció y que aún padece. Es decir, la clienta no logra que su amor se proyecte hacia él, por lo que no siente orgullo, honra ni admiración hacia su padre. Ella inconscientemente se dice: "Como tú no tuviste a tu padre, yo tampoco te voy a tener. Si tú sufriste su ausencia, entonces yo sufro la tuya".

Cuando nos conectamos ciegamente con este amor, nos sentimos más inocentes, con más derecho de pertenencia a nuestra familia y nos sentimos en sintonía con ella. Nos arrogamos un derecho en el que queremos ser justicieros de una injusticia ocurrida en la familia, y vivimos a expensas de esa causa, imposibilitándonos a tomar la vida tal cual se nos presenta.

Una acción a tomar sería entonces que la clienta, cada mañana, se comunique con su padre y exprese con palabras que ella está alegre de que él está presente. Y el ritual del alma sería: "Papá, cuando te miro, veo toda la falta que te hizo tu papá. No hay nada que yo pueda hacer para ayudar en eso. Cada vez que yo te abrace, sentiré que tu papá está detrás de ti, mirándonos".

Las Constelaciones Familiares se dividen en dos partes:

1. Diagnóstico: donde se ve la dinámica del sistema familiar.
2. Resolución: donde se dicen las palabras de reconexión y se recomiendan o se practican los rituales de sanación.

La importancia de la familia

Mediante mi experiencia terapéutica he percibido la sutilidad de la línea que separa a una persona que está totalmente conectada conscientemente con su familia, que se permite hacer las cosas diferentes, y a otra conectada inconscientemente, que busca hacer todo igual o peor que aquellos que estuvieron antes. Este trabajo no tiene distancias ni barreras, porque todos tenemos una familia.

Las personas que de alguna manera se muestran estables, sólidas, están bien conectadas con su papá y su mamá, y esto se podría demostrar estadísticamente. Ellos piensan que su papá y su mamá están muy bien como están, y por eso no luchan con ellos y tienen una buena relación.

¿Cómo saber si aún sigo desconectado de mis padres?

• Si ya como adulto sigo haciendo todo lo que mis padres quieren, y en cierto modo vivo para complacerlos.

• Si ya como adulto hago todo lo opuesto a lo que mis padres quieren, e invierto esfuerzo en llevarles la contraria.

• Si está totalmente roto el vínculo entre mis padres y yo. Es decir, ,cuando no quiero saber nada de ellos.

• Si ya como adulto todavía espero que mis padres cambien para ser felices. Es decir, cuando no quiero que sean como son o fueron.

- Luego de que la persona resuelve su relación con sus padres, puede comenzar a ver las otras dinámicas que componen su familia.

- Con esta terapia se busca que los integrantes reconozcan que cada miembro de la familia lo hizo como pudo. Los tatarabuelos, bisabuelos, abuelos y padres, cada quien hizo lo que pudo. Porque si nos preguntamos quién lo hizo mejor y quién lo hizo peor, no obtendremos ninguna respuesta que sea verdadera; lo que importa es que cada quien lo hizo como pudo y está hecho.

Una vez que se toma conciencia de esto se pueden hacer las cosas de forma diferente.

La familia juega un rol medular en el desarrollo de los seres humanos, porque lo más importante desde que uno nace es sentir el derecho de pertenencia a su grupo familiar. Desde pequeños, todos anhelamos pertenecer. Cuando hay amenaza de perder nuestra inclusión en la familia, surge el miedo que impide que se tomen decisiones distintas a las de los antecesores. Entonces, se busca la pertenencia mediante conductas lógicas como el estudiar y portarse bien, pero por otra parte, el inconsciente se guía por lazos invisibles que atan a la persona. Esta es la fuerza que opera detrás de todo.

Los integrantes que fueron excluidos del sistema de la familia siguen teniendo sus representantes, que son los más jóvenes de las próximas generaciones. A veces ni siquiera sabemos cómo eran estas personas, pero lo que sí es cierto es que el sistema las reclama. La búsqueda del trabajo terapéutico es hacer que estos miembros sean reconocidos como tal. Yo recomiendo la técnica de rescatar las fotos familiares, pero a veces ni éstas existen, entonces me gusta sugerir la compra de un portarretratos, colocarlo vacío en un lugar e imaginarse que esa(s) persona(s) está(n) allí. Esto produce en el cliente una respuesta interesante, porque se recupera la imagen, es decir, se le da pertenencia a ese miembro.

Todos estamos en este mundo, y ¿de dónde proviene nuestra vida? De personas que estuvieron antes que nosotros. Hay que reconocer que tuvimos que tener abuelos maternos y paternos, y que ellos también tuvieron que tener los suyos, y así sucesivamente, para haber podido llegar al mundo. Mientras no reconozcamos esta verdad, seguimos haciendo cosas de forma inconsciente para ellos. En cambio, cuando se les reconoce, nuestra vida puede cambiar. Con las Constelaciones no se cambia el pasado, ni el presente ni el futuro, ellas sólo ofrecen una nueva imagen.

Tomar la vida de nuestros padres y antepasados

Tomamos la vida cuando estamos de acuerdo con las posibilidades y los límites, y estos vienen dados por nuestros padres; así podemos ver tanto lo bueno como lo malo. Sólo de esta forma podemos asentir a la realidad y ser dignos, porque si la vida ya hizo con nosotros lo que tenía que hacer, le podemos sacar el máximo provecho siendo honestos, generosos, amables, cuidadosos y cariñosos.

Con todos nuestros antepasados debemos, entonces, tener un profundo agradecimiento. El amor no se aprende, sino que viene dado. El agradecimiento, en cambio, sí se puede aprender, y si somos verdaderamente agradecidos, el amor comienza a surgir.

EJERCICIO GRUPAL
De dónde viene la vida

En talleres se puede hacer este ejercicio, que ayuda a observar claramente que es a través de nuestras generaciones anteriores que la vida, que es lo más grande, llega a nosotros. Se coloca a una persona representando a la vida, parada en una silla, y se colocan a las demás personas frente a ella en forma de iceberg. La persona que está en la punta, justamente al frente de la vida, voltea a verla y el grupo que está detrás abre un camino en el medio del iceberg para que esta conexión se vea claramente. El cliente le dice a sus ancestros: "Gracias a todos ustedes, la vida también llegó a mí. Haré algo que valga la pena con ella y, si puedo, la pasaré también".

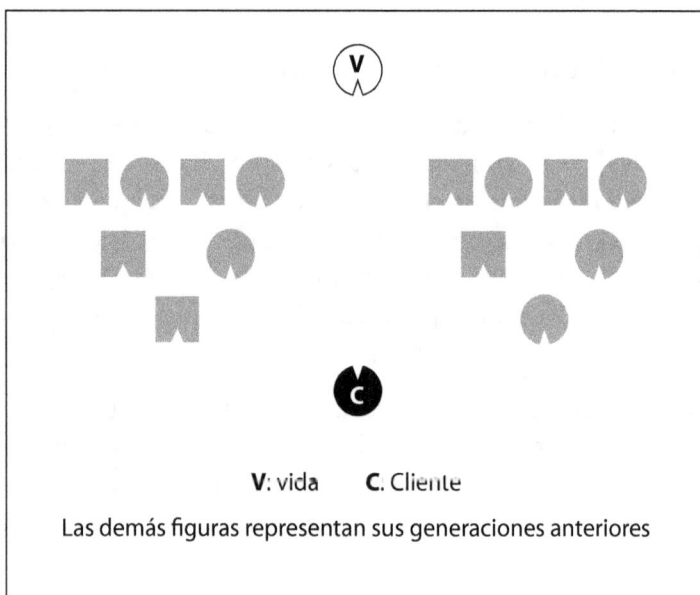

V: vida   **C**. Cliente

Las demás figuras representan sus generaciones anteriores

Gráfico 1

CAPÍTULO IV

Funcionamiento del sistema

Se desconocen aún muchos aspectos acerca de los sistemas y su naturaleza. Se sabe, por ejemplo, que los animales pueden morir si alteramos algo en su sistema. Está comprobado que cuando algo ocurre en una parte del sistema, se afecta todo y siempre se busca balancear o equilibrar. En la familia sucede igual: cuando algo se altera en el sistema familiar, todo el sistema se mueve. Los asuntos no resueltos en el sistema de la familia, por ejemplo, cuando alguien se suicida y el suicidio de esa persona es tratado como un secreto, o cuando en una relación de pareja se termina de mala manera, quedan cuentas pendientes, y el sistema reclama una resolución. El resto de la familia no reconoce esto, no lo quiere ni ver, no desea darse cuenta de lo que en realidad ha sucedido y procura olvidarlo. Los niños que nacen, que quieren pertenecer a papá y a mamá, y que hacen lo que sea por complacerlos, sienten que hay algo abierto por lo que sus padres sufren, y dicen: "Mamá, papá, lo hago por ti", "Si tú no lo ves, yo lo veo". Entonces se embrollan y se identifican con estas personas que fueron excluidas, y a quienes representan en la vida de forma inconsciente. El constelador busca con quién el cliente está identificado o embrollado, siguiendo la motivación de un amor inconsciente.

Al sistema no le importa inicialmente quién viene a ocupar el lugar que quedó vacante, porque sólo quiere balancear.

Por ejemplo, cuando un niño quiere reemplazar al hermano muerto de su padre, quien murió en la guerra, el sistema se siente saciado con el hecho de que este niño ocupe ese espacio, pero esta satisfacción del sistema no dura para siempre, porque luego vuelve a reclamar a la persona "original", a quien hay que reconocer. El sistema no quiere sustitutos; a estos los retiene por un tiempo, sin importarle el precio, pero luego se encarga de hacer saber que ese no es el miembro que quiere, porque no encaja, porque quiere al verdadero. El sistema quiere sanar la herida en el mismo punto donde sucedió, de lo contrario va a seguir cobrando víctimas hasta que se reconozca a la persona que causó la dinámica en el sistema. Se podría decir que el sistema tiene una velocidad lenta de pensamiento.

Lo clave es darse cuenta de que con nuestro sacrificio no ayudamos en nada; sólo se crean nuevos dolores, nuevas pérdidas en vano. El sistema no es justo, ni mucho menos romántico, a él sólo le importa él mismo y siempre busca una solución real. Si se le hace ver esto a los clientes, tal vez escojan un camino distinto, y esto es lo más importante en el trabajo de Constelaciones Familiares, porque se pueden cambiar estas imágenes a través de rituales que se emplean en la terapia.

LAS PIEZAS CRUCIALES EN EL SISTEMA FAMILIAR

Los miembros más influyentes en nuestro sistema familiar son nuestros padres, sus hermanos, los padres de nuestros padres, sus hermanos, nuestros hermanos (sobre todo si son mayores), los abortados, los nacidos muertos y, en algunos casos, uno de los bisabuelos. Es muy importante no dejar por fuera a las parejas anteriores de nuestros padres, y también se deben incluir a las personas que han dañado a alguien dentro de nuestro sistema. En el caso de que haya habido un asesinato en nuestra familia, el asesino entonces forma parte del sistema, pero si la familia no reconoce al asesino, la siguiente generación buscará representarlo. Las personas fallecidas tienen un lugar que hay que respetar. Si un bebé muere

a temprana edad y nadie lo sabe, es un excluido, y en las futuras generaciones los nuevos hijos tratarán de traerlo al sistema para así balancear algo en la familia.

El sistema de la familia tiende a excluir a las personas no reconociéndolas, no permitiendo que se hable de ellas, convirtiendo en secretos inconfesables partes de la historia familiar.

Cuando fallece algún hermano mayor, a veces sucede que uno o varios de los hermanos menores lo quieren representar, inconscientemente, porque se conectan con el dolor de la madre. Esta es la información transgeneracional que debe salir a la luz. Sólo hasta que el implicado pueda ver que ese dolor le pertenece a su madre, no podrá abandonar la sensación de estar totalmente desconectado. Las oraciones sanadoras que se usan en estos casos son: "Hermano, de tu destino yo he hecho el mío", "Mamá, si tú no lo ves, yo lo hago por ti".

La información que viaja en el sistema

Según lo planteado por Anne A. Schützenberger en su libro *The Ancestor Syndrome* (El síndrome del ancestro), existen transmisiones intergeneracionales y transgeneracionales.

"Las transmisiones intergeneracionales son transmisiones que se piensan y se hablan entre abuelos, padres e hijos. Ellas incluyen los hábitos familiares, las habilidades y las maneras de ser: alguien se hace doctor, otro se dedica a la enseñanza, aquel tiene buen oído o este otro es un glotón, así como su padre o su abuelo. Podemos seguir el ejemplo, tener las mismas inclinaciones, o podemos decidir hacer lo contrario.

Las transmisiones transgeneracionales no se expresan, son secretos de los que nadie habla, eventos escondidos en los que muchas veces ni siquiera pensamos y que pasan de generación en generación sin darnos cuenta y sin asimilarlos. Es entonces cuando nos encontramos con los traumas, las enfermedades, las manifestaciones somáticas o psicosomáticas, las cuales a menudo desaparecen cuando uno habla de ellas, cuando uno llora, grita o las enfrenta. Incluso los hijos de los prisioneros de los campos de concentración, de la resistencia francesa, de los nazis o de los que perecen en el mar sin sepultura, sufren pesadillas aterradoras. Esto se observa aún en los descendientes de sobrevivientes traumatizados por experiencias difíciles." (Anne Schützenberger, 1998).

El alma familiar

En la terapia de Constelaciones Familiares no se espera nada bueno como tal. Es decir, lo ideal es que no se tengan expectativas. Inclusive como terapeuta, a veces me cuestiono "¿quién es un constelador para pretender cambiarle a esta persona su lealtad y amor a su familia?". Porque ¿dónde hubo más amor?, ¿antes de la sesión o después? Antes no lo veíamos, era un amor ciego por el que la persona era capaz de sacrificar su vida, pero al darse cuenta de eso, cuando se reconoce, ya no hace falta este compromiso inconsciente e incondicional.

El terapeuta debe tener entonces, como principio, que cualquier cosa que el cliente haga o decida, es correcta. Muchas veces los clientes no cambian después de percatarse de su dinámica, ya que esta relación tiene una gran validez para ellos y el terapeuta debe asentir. El que juzga no ve la realidad. Como terapeuta, busco que los clientes vean algo. Claro, siempre que la persona acceda. Si no lo quiere ver, está bien, pero si lo ve, esa persona tendrá otra opción y puede considerar tomar otro camino. No cambiamos el pasado, ni el presente, mucho menos el futuro, pero el alma nos puede dar sorpresas. Quien asiente a su destino, tal vez el destino cambie con él.

El alma de las familias se mostrará tal cual como se tiene que mostrar, sin alteraciones, ni perturbaciones; simplemente se muestra. Intentar cambiar lo que fue en nuestras familias iría en contra de la fuerza de la vida. Por eso, honrar a nuestros antepasados tal cual como son, hayan hecho lo que hayan hecho, nos conecta con algo que va más allá de nuestros ojos.

CAPÍTULO V

Constelaciones familiares en grupos e individuales

Hay dos modalidades de hacer Constelaciones Familiares. La primera es constelar grupos de personas, lo cual es posible cuando se hacen talleres; y la segunda es la que se aplica en la consulta individual. En esta última se plantea el caso, se busca la información de la familia, se realiza un sociogenograma y luego se procede a constelar a la familia del cliente, usando herramientas psicoterapéuticas (figurines sistémicos) y realizando imágenes internas para finalmente llegar a una resolución. Se han escrito variados libros del primer tipo de Constelaciones Familiares (ver bibliografía), pero muy pocos del segundo. Es por esta razón que la presente obra hace énfasis en la terapia individual.

Las Constelaciones tienen sus límites, impuestos por los secretos o tabúes que el cliente algunas veces no logra descubrir. Las Constelaciones, pues, son una manera de mostrar las dinámicas de la familia, porque el solo hecho de verlas tiene un efecto sanador sobre nosotros. Las Constelaciones buscan abrirnos la conciencia acerca de las consecuencias de nuestras acciones en la vida, para así acercarnos a ser actores responsables. Estando plenamente conscientes podemos ver cuán absurdo es pretender cambiar a los demás y lo difícil que es asumir la responsabilidad de nuestras propias decisiones.

TERAPIA INDIVIDUAL DE CONSTELACIONES FAMILIARES
El planteamiento del caso

En mi trabajo terapéutico no uso la palabra "problema", uso la palabra "recurso". La terapia busca trabajar asuntos trascendentales que resultan graves en nuestra vida. Por esta razón, lo primero es revisar si la persona está clara con respecto a lo que quiere trabajar. Se le pregunta: ¿Qué te trae por acá?, ¿qué está pasando contigo?, ¿cómo afecta esta situación en tu vida cotidiana? Las respuestas varían dependiendo del caso.

El terapeuta da con la dinámica del cliente formulándole preguntas y observando cuidadosamente sus reacciones a las mismas. Es muy importante observar cuánto le afectan estas preguntas. Por ejemplo, si se le pregunta: "¿Tu padre era alcohólico?", la persona puede reaccionar o responder tranquilamente que no o que sí. En la vida, cuando se escucha algo que no tiene nada que ver con nosotros, simplemente dejamos pasar esa información, pero cuando nos afecta y reaccionamos inmediatamente para defendernos, se nota que lo que escuchamos disparó algo dentro de nosotros. Es decir, esa información activó un botón en nosotros que exhibe nuestro punto débil. Para tomar conciencia de todas las cosas que nos afectan y que aún tenemos que trabajar, debemos aprender a mirar hacia adentro.

En lo particular, no trabajo con personas que no estén seguras de su razón de consulta. Un ejemplo es el caso de Odette, que cuando pidió la cita, dijo que estaba sufriendo una fuerte depresión, pero un mes después, cuando acudió a su cita, dijo que la depresión se le había pasado. En este caso, como terapeuta, asiento al planteamiento del cliente y no trabajamos. No se le debe obligar a caminar a alguien que no quiere. Del planteamiento del cliente se recogen las frases más relevantes.

EJEMPLO

Iraida, una mujer de raza negra de 48 años, en la consulta sostiene: "Yo soy una mujer muy rígida. Creo que los hombres son dañinos. Me da rabia cuando quiero mucho a la gente porque le tengo miedo al rechazo. Todo tiene demasiados obstáculos para mí".

Iraida es hija de una unión que no fue formalizada. La mamá enviudó en una relación previa y, según Iraida, por esta razón no se pudo volver a casar. Su abuelo materno era español y la abuela materna era de raza negra, y ellos tampoco se casaron debido al rechazo entre las familias. La pregunta es, ¿para quién, dentro del sistema de su familia, Iraida argumenta que se siente rechazada? Al hacer la constelación, se evidencia que Iraida rechaza sus raíces.

Al entender la dinámica, se le pidió que realizara un ejercicio donde debía imaginar a los padres de su abuela materna, el cual la conmovió mucho. Cuando logró visualizarlos, se le pidió que se imaginara que estaban acompañados por un gran grupo de esclavos, y que en el fondo de la imagen viera a África. Luego se le sugirió que honrara esta imagen, que les diera a todos ellos un espacio en su corazón, y que repitiera: "De su destino yo he hecho el mío, y gracias a ustedes yo soy libre".

Una vez que la imagen sale a la luz, o que se toma conciencia, los cambios surgen sustancialmente. Iraida se cuestionaba lo siguiente luego de la sesión: "¿Qué puedo hacer ahora por mí que soy libre?". Su rigidez, el que todo se le hacía más difícil y el miedo a expresar afecto por temor al rechazo, pueden verse ahora de forma diferente, porque tal vez ese sentimiento de rechazo no le pertenecía a ella, sino que era una información que venía viajando en su sistema familiar, y eso se evidencia en su desconexión con la raza que forma parte de sus raíces, y esta es una de las dinámicas más comunes: el rechazo hacia nuestros propios ancestros. Al terminar la sesión, Iraida salió del consultorio y le dijo a la secretaria que tenía ganas de abrir la puerta y gritar: ¡Soy libre!

En Venezuela habitaban únicamente indígenas, hasta que llegó la conquista de los españoles, quienes trajeron gran cantidad de esclavos africanos. El resultado es que estos tres grupos conforman nuestra identidad. Cada vez que excluimos a uno de los grupos, las generaciones venideras buscarán compensar esa exclusión, y esa compensación la harán buscando justicia para equilibrar lo sucedido. Durante meses de los años 2002 y 2003, hice constelaciones basadas en este hecho, y pude encontrar que muchas de las dinámicas dentro de nuestra política actual tienen que ver con la exclusión de alguno de los grupos.

La información de la familia

Una vez encontrada la razón de consulta, se comienza a indagar información de las líneas materna y paterna: de dónde provienen los padres (país de origen), si hay enfermedades recurrentes en la familia, accidentes o muertes violentas, si hubo inmigración y por qué la hubo (guerra, necesidad).

En Latinoamérica se presenta mucho la dinámica de personas que abandonaron sus países buscando mejoras económicas o, en algunos casos, porque estaban huyendo. Como en el caso de la Segunda Guerra Mundial, donde muchos alemanes pertenecientes al partido Nazi escaparon a varios países de Latinoamérica. Cuando estos clientes inmigrantes tienen hijos, no quieren ver atrás, rechazan su origen y se preocupan únicamente por sus descendientes, pero por lo general, los que partieron están muy desconectados de sus raíces. Tarde o temprano, las futuras generaciones se encargarán de honrar sus países de origen. Por lo general, vemos cómo los hijos, y algunas veces los nietos, anhelan regresar para cumplir su sueño con este destierro. La dinámica de "papá, mamá, si tú no lo ves, yo lo veo por ti".

La persona trae lo que necesita trabajar, aunque venga con un discurso tergiversado. Esto puede sonar contradictorio. El cliente puede decir frases o palabras que no le pertenecen propiamente, sino que pertenecen a un miembro de la familia, y el cliente las viene repitiendo. A mí me han hecho planteamientos como "siento que mi cabeza no le pertenece a mi cuerpo". En estos casos, la pregunta es: ¿Cómo aprende un ser humano a decir algo así?, ¿de dónde puede provenir tal aseveración? Tomamos cosas que vienen viajando dentro del sistema y las hacemos nuestras cuando en realidad no lo son. Es por eso que hay que ubicar quién es la persona que se intenta honrar con nuestra conducta o pensamiento.

En todas las familias ha habido, por lo menos, un suicidio, un asesinato, incestos, un alcohólico, etc. Por lo general no se sabe en qué generación pudo haber ocurrido cualquiera de estas dinámicas, porque esta información se esconde, pero las generaciones más jóvenes se encargarán de mostrarlo de formas diferentes. ¿Dónde se origina el amor y dónde se origina el odio? Al principio de la sesión es muy importante crear una empatía sistémica, que se puede lograr diciéndole al cliente: "Mi trabajo hoy no es sólo para ti, sino para toda tu familia". Allí la persona siente que está en sintonía con todo su sistema, lo que per-mite que fluya la información que necesitamos y que algunas veces está escondida, porque muchas veces se cree que si se revelan o develan ciertas informaciones, se es desleal con la familia.

Se requiere saber cuántos miembros integran la familia del cliente, qué número de hijo es el cliente (aquí cuentan los hijos abortados y los que fallecieron) y si nació de un matrimonio reconocido. También se debe considerar si hubo relaciones previas tanto de la madre como del padre, es decir, si hubo esposos, relaciones importantes previas al matrimonio, si enviudaron antes, o si tuvieron un amor imposible.

Por ejemplo, si una clienta viene a plantear un problema de pareja o un fuerte deseo de no estar en ningún lugar, y es la primera hija de un matrimonio, se busca la información de la línea materna. Se indaga acerca de cómo es su relación con su madre, cómo ha sido en los últimos años y si algo ha cambiado o no en la relación. Luego, se comienza a investigar primordialmente acerca de la mamá: qué número de hija es, de dónde proviene y otros aspectos. Allí puede surgir información acerca de un embrollo que nos puede dar acceso a una solución. Para que la clienta no se sienta fuera de equilibrio, se revisa también la información de la línea paterna. Se le pregunta qué edad tiene el papá, cómo conoció a su mamá, si piensa que ellos fueron el uno para el otro, cuántos hijos hubo en su familia, y también se le pide información sobre los abuelos paternos.

Cuando el cliente no tiene suficiente información, hay que observar qué está pasando con él y qué está planteando como tema o caso. Luego se puede constelar lo básico. Se le dan tres figurines y se le dice: "El rosado representa a tu mamá, el azul a tu papá, y tú eres el amarillo"; o él puede seleccionar los colores que le gusten. Cuando el cliente los posiciona, nos muestra su imagen interna. Esta imagen nos ofrece una buena visión del grado de conexión que tiene con sus padres, y nos ayuda a entender y a tomar conciencia de la relación que tiene el cliente con sus hijos, su pareja, su trabajo, su profesión, etc.

Otra información que puede resultar importante es de dónde proviene el nombre del cliente. La escogencia del nombre ya evidencia si la figura paterna o materna, o la línea masculina o femenina, es la más influyente para el niño desde antes de nacer. Cuando los hijos averiguan de dónde viene su nombre, quieren escuchar que sus padres hicieron un ritual hermoso para decidirlo, pero muchas veces dicen que no se acuerdan, o dicen: "¿Tu papá dijo eso? No, eso es mentira".

El Sociogenograma

Un sociogenograma es un formato para dibujar un árbol genealógico que registra información sobre los miembros de una familia y sus relaciones, y que abarca al menos tres generaciones. Esta herramienta ofrece importante información sobre la familia, y es tan práctica, que de un vistazo rápido, el facilitador puede obtener los patrones familiares complejos del cliente y elaborar hipótesis acerca de cómo un problema clínico pudiera estar conectado con el contexto familiar, y de cómo éste podría evolucionar.

El genograma muestra la estructura de la familia y las relaciones entre sus miembros. Es una herramienta para exponer lo que ha venido sucediendo dentro del sistema de la familia. Una sugerencia después de elaborar el genograma de la familia, es invitar a todos los miembros a los cuales se tenga acceso, y hacer un brindis ante él.

EL PROCESO DE LA CONSTELACIÓN INDIVIDUAL

A la hora de proceder a la Constelación Individual, se deben seleccionar (según la información otorgada) a los miembros de la familia que tuvieron más influencia en el cliente. Es decir, se escogen las piezas básicas para evitar confusiones y para concentrar la fuerza. Casi siempre constelamos al papá, a la mamá y al cliente para ver cómo se encuentra la familia nuclear en ese instante. El procedimiento es pedirle al cliente que mueva los figurines alrededor del espacio y que los detenga donde sea cómodo para él. De este modo, se accede a una imagen interior que el cliente nunca pensó que podía expresar de esta forma. Por ejemplo, a veces el cliente dice que se siente muy cercano a sus padres, pero cuando con los figurines éste realiza la imagen interior, vemos que hay una contradicción entre lo que dice y lo que presenta, algo que a simple vista no se puede ver.

Es muy sutil y hermoso ver cómo los clientes colocan en relación espacial a los figurines que representan a estos seres queridos -y no tan queridos- dentro de la familia. Al colocarlos, juntos o separados, comienza el verdadero trabajo de la toma de conciencia. Las Constelaciones Familiares siempre tienen un orden específico, y lo más poderoso en ellas es honrar.

Las herramientas

Se pueden emplear figurines o alguna otra herramienta para representar a los miembros de la familia. Me he percatado de que estos figurines, después de haber sido constelados o conformados, guardan un poder energético distinto, porque conllevan el pensamiento de: "Ahora estás aquí conmigo, no necesito hacer más cosas por ti. Tú lo hiciste a tu manera, ni mejor ni peor que yo, pero yo soy otra persona y no lo tengo que seguir haciendo igual que tú".

Estos figurines generan una conexión muy profunda. Hay gente que abraza a los figurines, otras personas los mecen, otras los besan y hasta los utilizan como imagen de sus nuevos proyectos. Pero también hay clientes que les tienen miedo y no los quieren ni tocar. Por ejemplo, si la historia es que el tío murió a temprana edad y el cliente tiene miedo de hablar de eso, éste se emociona mucho cuando al final de la sesión le digo: "Toma, te obsequio este figurín que representó a tu tío, mi trabajo fue para él". Esta entrega del figurín es un anclaje hipnoterapéutico muy poderoso. Ahora, el cliente puede ver a su tío, reconocer su lugar en el sistema y honrarlo.

Yo utilizo una mesa muy pequeña, de aproximadamente 30 por 40 centímetros. Este espacio reducido tiene la finalidad de que el cliente se vea obligado a mover los figurines cuando cree que están muy cerca de los otros. En ocasiones, los clientes sienten miedo de que un miembro esté muy cerca, y esto lo manifiestan a través de los figurines.

Por ejemplo: una vez tuve a una clienta que odió a su padre toda la vida (Aquí no analizaremos los motivos). Cuando le dije: "Este muñeco azul representa a tu papá y este amarillo a tu abuelo paterno", se conectó con su abuelo y entonces tomó al muñeco que lo representaba y lo colocó fuera de la mesa. Otras veces los clientes colocan a los figurines cerca de la puerta o se sientan encima de él.

Todo lo que hagan es información importante.

Pero todos estos movimientos hacen que resalte el miembro que no está incluido en esta familia particular. En el momento que establezco ese diagnóstico, centro mi trabajo en el rescate de esa figura.

Perdón y aceptación

Muchas personas que asisten a terapia sienten que el objetivo de la constelación es perdonar y aceptar a sus familiares, pero acá no es recomendable el uso de estas palabras. No usamos "perdonar", porque cuando perdonamos transferimos la culpa. Si yo me siento culpable de algo, perdono al otro. Tampoco usamos "aceptar", porque entonces pasamos a ser víctimas. El objetivo es "reconocer lo que es". Este es el título de uno de los primeros libros de Bert Hellinger. Cuando reconocemos, nos podemos hacer responsables de lo que estamos viviendo, y así podemos crecer, porque dejamos de ser inocentes. Se busca entonces el reconocer, eso es lo que tiene más poder, porque donde está la herida está la sanación.

Sugiero un ejercicio de visualización que consiste en cerrar los ojos, imaginarse a los padres al frente y decirles: "Hoy comprendo y entiendo la falta que te hizo tu papá (mamá u ambos), pero yo soy tu pequeño y estoy aquí, y me agrada que tú seas mi papá (o mamá)". Al realizar este ejercicio, la persona le da color a ese lazo invisible, porque reconoce que no hay nada que pueda hacer para cambiar lo que ya ocurrió, como por ejemplo, traer de vuelta a los muertos. No hay dolor que yo pueda vivir que se parezca al dolor que vivieron otros. Sin embargo, lo intentamos, pues nos sentimos en deuda y queremos compensar lo que hemos recibido.

Al conectarnos con la realidad podemos cambiar nuestra imagen para comenzar a ver a nuestros padres como lo que son: las personas que nos dieron la vida y hacia quienes debemos tener gratitud, lo cual no interfiere con que tratemos de hacer algo con nuestras propias vidas. Mientras no los veamos así, creemos que lo podemos hacer mejor que ellos, y esta es la sensación de un ser que se cree más grande que sus padres; por eso los criticamos, los juzgamos, y nos parece que nunca lo hicieron de la forma correcta. El que juzga a sus padres está en peligro de perder el derecho de pertenencia a su sistema, porque, en realidad, nuestra historia familiar no ha sido ni buena ni mala, sino como ha tenido que ser.

Para regresar o equilibrar lo que se me ha obsequiado (la vida), sólo debo hacer algo digno con mi vida y hacerlo desde el más profundo agradecimiento. Aquí hay fuerza, pero como plantea Hellinger en una frase clásica: "Sufrir es más fácil que asumir la solución".

EJEMPLO "YO SÓLO SOY TU HIJO"
Constelación de Alfredo

Carola Castillo: ¿Qué quieres trabajar? Alfredo: Tengo problemas de autoestima. Siento que no tengo fuerza ni autoridad.

CC: ¿Estás casado?

A: Sí.

CC: ¿Cómo es la relación con tu esposa?

A: No muy buena.

CC: Háblame un poco de tu familia.

A: Yo soy hijo natural. A mi papá lo conocí cuando tenía diez años y mi mamá murió cuando tenía catorce años.

CC: ¿Tienes hijos?

A: Dos hembras: una de catorce y otra de doce años.

CC: ¿Quién de las dos funge como tu pareja?

A: La menor.

CC: ¿Cuántos hijos tuvo tu mamá?

A: Siete.

CC: ¿Del mismo hombre?

A: No.

CC: ¿Cuántos hijos tuvieron tu mamá y tu papá?

A: Yo solo. Ellos no se casaron nunca.

CC: ¿Tú te casaste?

A: Sí.

CC: ¿Por qué mi corazón está inquieto?

A: No sé.

CC: ¿Qué sientes que te voy a hacer?

A: Siento que me vas a castigar.

CC: Repite: "Siento que mamá me va a castigar" (Alfredo asiente y repite estas palabras). Busca a una persona que represente a tu papá, otra que represente a tu mamá y otra que te represente a ti.

Alfredo se levanta, selecciona a los tres representantes y los pone uno al lado del otro.

P: Perpetrador   C: Corina
NAV: Nueva asociación de vecinos

Gráfico 1

CC: Dime cuánto rechazas esta imagen.

A: Mucho.

CC: Dame la verdadera imagen.

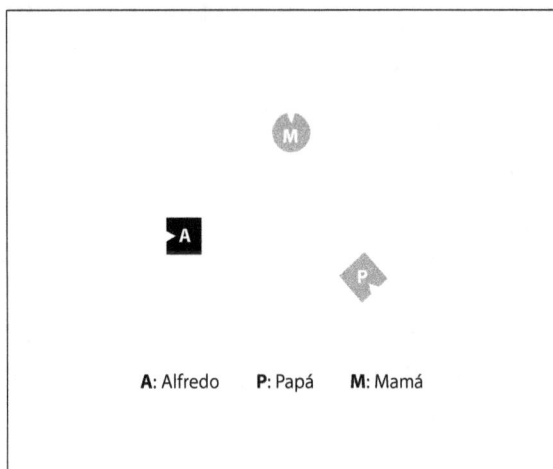

A: Alfredo   P: Papá   M: Mamá

Gráfico 2

CC (a los representantes): Céntrense y sigan su movimiento.

La madre se arrodilla y luego se acuesta en el piso. El hijo y el padre se voltean y se miran mutuamente.

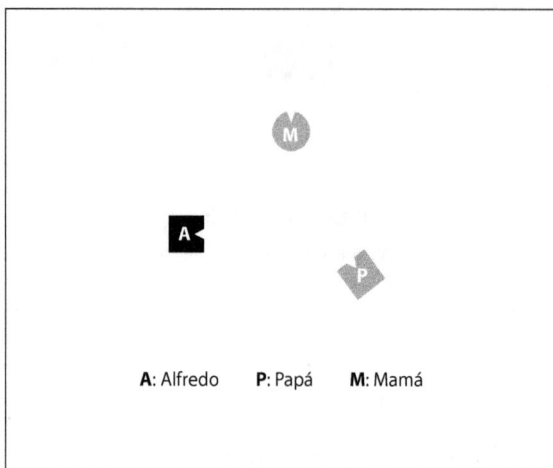

Gráfico 3

CC: ¿Cuántas parejas tuvo tu mamá para tener siete hijos?

A: Quizás más de cinco.

CC: ¿Sabes de la familia de ella?

A: Muy poco.

CC: ¿Qué edad sientes que tienes ahora?

A: Como seis años.

CC: ¿Qué tipos de problemas tienes con tu esposa? (Alfredo guarda silencio). ¿Tienes mujeres por fuera del matrimonio?

A: No.

CC (se para y se dirige hacia los representantes. Al papá): ¿Qué está pasando contigo?

Padre: Siento que tengo algo que solucionar con él.

Representante de Alfredo: Me siento incómodo.

Madre: Yo también me siento incómoda y muy triste.

Carola Castillo voltea al representante de Alfredo para que vea a su mamá.

CC (al hijo): ¿Qué pasa contigo cuando la ves?

Representante de Alfredo: Siento una opresión en el corazón, acompañada de mucha tristeza. (En cuanto termina estas palabras se dirige a acostarse al lado de la madre. El padre voltea para mirarlos).

CC (le pide a Alfredo que ocupe su lugar y le da las gracias al representante. A Alfredo): Dile: "Mamá, no puedo reemplazar la cantidad de hombres que tuviste. Como hombre no puedo reemplazar lo que tú hiciste con tu vida". (Alfredo mira a su padre, quien se encuentra de pie frente a ellos y se pone a llorar). Dile a ella: "Mamá, lo que hiciste con tu cuerpo no es asunto mío, yo sólo soy tu hijo".

Carola Castillo le pide una chaqueta a un participante e invita a Alfredo a cubrir con ella a su madre para protegerle el cuerpo. (Él la cubre con mucho cuidado). La madre comienza a llorar. Al cabo de un rato, Carola Castillo invita a todas las mujeres presentes en el seminario a pararse frente a ella y su hijo. Alfredo las mira y ríe.

CC: Imagina que entre estas mujeres hay esposas, maestras, amas de casa, prostitutas, terapeutas, niñas, madres, abuelas, mujeres buenas, mujeres malas. (A Alfredo) Diles: "A todas las veo y a todas las reconozco". Ahora dime a mí: "No eres mi mamá y yo no soy tu niño, por eso no te tengo miedo".

Finalmente, Carola Castillo invitó a todo el grupo de mujeres a hacerle una reverencia a la madre de Alfredo.

CAPÍTULO VI

El orden en las constelaciones

Es sumamente significativo mostrar los órdenes del amor en la constelación. El otorgarle la jerarquía correspondiente a cada miembro del sistema familiar brinda una imagen muy poderosa que permite que algo se comience a trabajar. Así se reconoce, por ejemplo, que los hermanos mayores son, y siempre serán, los mayores.

El mismo efecto se puede obtener mediante visualizaciones a través de las que se integran a todos los miembros de la familia y se honran. De esta forma, el cliente puede entender que de sus antepasados obtuvo la vida y que lo mejor que puede hacer por ellos es responsabilizarse de su propia vida. Cuando se les otorga un lugar en el corazón a nuestros antepasados, se siente un gran respaldo, y hay que tener siempre presente que todos ellos llegaron primero al sistema de la familia, por lo que debemos reconocer que ellos tienen la prioridad.

EJEMPLO

José, de 40 años, tuvo un tío que murió a los ocho, pero la familia nunca reconoció esta muerte (nadie habló de este tío). José puede estar identificado con este pariente, quien pudo haber muerto a los ocho años, pero José ya trascendió esa edad. Ahora tiene 40 años y toda su vida ha estado atado a ese tío por amor.

Del destino de su tío, José hizo el suyo. En la sesión se le pide a José que cierre los ojos e imagine a su tío frente a él, luego se le pide que se le acerque, le tome las manos y le diga: "Querido tío, a través de mi dolor he estado conectado contigo, y esa ha sido mi forma de expresarte mi amor. Ahora te pido tu bendición si decido hacerlo diferente. Tú lo hiciste mejor que yo y siempre tendrás un espacio en mi corazón". Así se reconoce que no hay enfermedad ni dolor que pueda igualar lo que vivió este tío, quien es muy grande en comparación a José. Esa es la verdadera honra. Ahora José puede hacer algo positivo por su tío, como, por ejemplo, dedicarle sus logros.

Cuando se le dice a estas personas, con quienes nos encontramos identificados, que ellos lo hicieron mejor, éstas son palabras de sanación que pueden ayudar a abandonar la conexión con ellos. Si ya ellos lo hicieron mejor, ¿qué podemos hacer nosotros? Lo más "fácil" es pasar toda la vida sin disfrutarla, enfermarse, fracasar, y así sentirse cerca del tío. En cambio, cuando se le dice: "De tu destino yo he hecho el mío, y tú eres más grande que yo", se posicionan los órdenes y se asiente a la tierra. Orden y reconocimiento; se da la jerarquía adecuada, donde el que llega primero tiene más derecho que el que llega después.

Las parejas previas tienen mucha importancia en las Constelaciones Familiares, ya que se ha evidenciado que, al darles su lugar correspondiente, ocurren reacciones favorables.

EJEMPLO

En un taller de grupo, Teresa, una mujer de baja estatura (1,50 m.), de aproximadamente 60 años de edad, presentó su caso. Expresó que su problema era que no encontraba pareja. Se le preguntó si tenía hijos y respondió que sólo uno, que actualmente tenía 32 años, no se había casado, vivía con ella y era alcohólico. Cuando se le dijo a Teresa que ella estaba muy mayor para estar buscando pareja, se molestó. Al preguntarle por el padre de su hijo, exclamó con rabia que era "un borracho y un mujeriego". Se le solicitó que buscara entre los participantes a tres personas, para que en la constelación la representaran a ella, al padre de su hijo, y a su hijo, y que los ubicara en el espacio. Llamó la atención el hecho de que como su representante, Teresa seleccionó a una chica muy alta, rubia y de unos 20 años de edad, cosa que podría interpretarse como su anhelo de juventud y belleza.

Como Teresa había visto el trabajo de constelaciones, colocó al padre y a su representante detrás del hijo. Esta imagen era contradictoria a la que ella había expresado hacía unos instantes acerca de ellos. Por eso se le pidió una segunda imagen. Teresa alejó considerablemente al padre del hijo. Cuando se le interrogó acerca del motivo de la unión, Teresa respondió que lo conoció cuando tenía 19 años y que tuvieron dos semanas de amor desenfrenado, y que luego se casaron porque salió embarazada. La interpretación es que su rabia se debe a que siente que ese señor le arruinó la vida.

Los movimientos y las oraciones sanadoras se dirigieron a este señor, en reconocimiento como su primer gran amor y padre de su único hijo. En este caso de Teresa, con sólo darle el lugar y el reconocimiento a su ex esposo, su hijo puede ya dejar de sentir que tiene que hacer justicia por su padre, a quien Teresa no tomaba en cuenta. El movimiento final consistió en pedirle al hijo que saliera del salón, y en ese momento Teresa rompió en llanto. Sólo cuando la madre logra levantarse con dignidad, le puede decir al hijo: "Ya no es necesario que te encargues de mí. Por favor, haz tu vida".

Las imágenes internas

Las imágenes internas son ejercicios de visualización que se pueden usar con fines muy variados. Uno de ellos puede ser reconectar al cliente con sus padres. Para hacerlas, se puede utilizar una música de relajación. Se le pide al cliente que cierre los ojos y se imagine en una atmósfera ideal. La respiración debe ser con la boca abierta, porque así se estimula la reconexión. Cuando el cliente está centrado, se le puede llevar a un viaje como el que se narra a continuación (se invita al lector a que también viva esta experiencia): "Imagina que estás en un parque y que estás allí solo. Estás descalzo. Siente la grama en tus pies, siente la brisa en tu cara y el cantar de los pájaros. Al fondo hay unos árboles, y detrás de los árboles hay personas escondidas que te están viendo. Sientes la curiosidad de saber quiénes son, y te acercas para averiguarlo. Cuando te acercas, descubres que son tu papá y tu mamá que te están esperando. Ve a ellos, abrázalos y diles: "Papá, mamá, gracias por la vida que me dieron, denme su bendición si lo hago diferente". Luego se le puede decir que otra persona los está mirando y se le pregunta quién es. Este podría ser el excluido, o la persona que buscamos honrar.

En ocasiones no se sabe exactamente qué imagen se consiguió, y la forma de verificar si algo pasó, es observar la cara del cliente: ¿Se nota un cambio de tonalidad en su piel?, ¿su mirada tiene más brillo?, ¿su respiración es más agitada o está en paz? Así se sabe que algo surgió allí, que hubo un movimiento del alma. Esta persona no sabe qué pasó y algo comienza a moverse para ella. La persona se reconecta con una imagen que es más grande que la información. Es como está configurada su familia dentro de sí; es una imagen que nadie puede expresar.

Cada forma de hacer entender la imagen verbalmente nos puede llevar a un túnel sin salida. En silencio, con amor, busco las imágenes ocultas, esas que a simple vista son muy difíciles de traducir porque están conectadas con el alma y no con la racionalidad.

Terapia breve

Después de que el cliente se ha expuesto a su Constelación Familiar, debe reconocer sus límites; de allí podrá sacar las fuerzas que necesita para ejercer la acción.

Para ilustrar esto, te invito a que te imagines doscientas piedras que están atracadas, obstaculizando el curso de un río. Vamos a quitar la más importante, la piedra clave, que tal vez no sea la más grande ni la del medio, pero sí la estratégica, para que así la corriente abra un nuevo cauce hacia una solución. Una vez que algo comienza a bajar, ya no se le puede detener.

Algo cambia después de la Constelación, tal vez instantáneamente o al cabo de un tiempo. Lo importante es que una vez retirado el obstáculo, todo empieza a fluir.

Las Constelaciones Familiares conforman el trabajo más avanzado que hay en terapia, porque no se corta con bisturí, se corta con láser, y la persona no se da cuenta. La venda de los ojos se cae y surge algo día a día. Se comprende que todo fue como tuvo que ser. Hay personas a quienes se le han muerto familiares a temprana edad, y permanentemente se dicen que si hubieran hecho otra cosa, tal vez el familiar no hubiera muerto. Esto es estar en contra de algo muy grande que no se puede cambiar y que resta mucha energía. Aquí actúan las fuerzas del destino, y ellas vienen dadas desde muy atrás.

Anclaje de sanación

Al final de la terapia individual, obsequio uno o varios de los figurines de madera que utilicé para hacer la Constelación Familiar. He observado que con ellos se produce un anclaje maravilloso. Por lo general obsequio los figurines que representaron a los excluidos, porque ellos son los miembros que tienen más poder, son como los malos de la historia, los que tuvieron que salir de la familia consciente o inconscientemente. La importancia de estos miembros se debe a que, por ser excluidos, las generaciones siguientes se arrogan el derecho de seguir expiando por ellos, pero no precisamente por sus buenas características, sino por las que justamente ocasionaron su exclusión. La verdadera fuerza está contenida en los perpetradores.

El siguiente es el caso de una consulta individual que formó parte del proceso de formación de un grupo de consteladores familiares, y que ejemplifica bien el significado que pueden tener estos figurines después de la terapia. El testimonio de Zaida (al final) evidencia la diversidad de las resoluciones de los casos.

CASO DE ZAIDA
El verdadero hombre de la casa

Zaida: Miguel, mi segundo hijo de 7 años, tiene problemas de conducta.

CC: ¿Estás casada?

Z: Sí.

CC: ¿Cómo es la relación con tu esposo?

Z: Tenemos 20 años de casados y nos llevamos muy bien. Carola le pide a Zaida información de sus padres y de los padres de su pareja. Destaca que su esposo no conoció a su padre porque los abandonó y en su familia nunca se habla de él. Cuando se configuró a la familia con los figurines, Zaida no sabía qué hacer con el que representaba a su suegro. Carola Castillo le sugirió que lo podía colocar en cualquier lugar, incluso en el piso. Zaida lo sostuvo en el aire por un rato y luego lo puso en el borde de la mesa (casi cayéndose), lo más lejos posible de los otros figurines. Luego se procedió a la interpretación de la Constelación.

CC: Al no estar tu suegro disponible para su familia, tu esposo ocupó su lugar. Z (hace un gesto de asombro colocando sus manos en la cabeza): Así se explican nuestros problemas de pareja. Ahora sí lo veo. Siempre he sentido que la prioridad para él son sus hermanas y no nuestra propia casa. Yo no podía entender cómo sus hermanas podían ser más importantes que su mujer y sus hijos.

CC: Y si el padre de tu hijo no está totalmente disponible, por estar ayudando a su familia de origen, tu hijo puede tomar su rol (Carola Castillo coloca al figurín que representaba al hijo, al lado del figurín que representa a Zaida). Z (conmovida): ¡Dios mío! Ahora tengo pánico. A veces siento que mi hijo se

73

ocupa de mí como si fuera mi pareja, siempre me acompaña a todos lados.

CC: Inconscientemente tu hijo dice: "Papi, si tú no estás, yo lo hago por ti, con gusto". Z (llorando): Yo tengo que ayudar a mi hijo, ¿qué puedo hacer? Carola Castillo le regaló el figurín que representaba al abuelo paterno del niño, y nuevamente Zaida no sabía qué hacer con él; sólo lo veía. Al cabo de un rato, cuando Zaida ya se encontraba más calmada.

CC: Aún hace falta otra resolución. ¿Tu madre tuvo alguna pérdida?

Z: Sí. Ahora recuerdo que uno de mis hermanos nació muerto, y a mí me pasó lo mismo: mi primer hijo, Andrés, nació muerto. Este hecho nos causó tanto dolor a mi esposo y a mí, que más nunca quisimos hablar de eso. Yo decidí no tener más hijos. Cinco años después, mi esposo me convenció para que cambiara de opinión, y buscamos ayuda psicológica para prepararnos como padres. Así fue que me animé y salí embarazada de mi hija Paula. A ella siempre la tratamos como la primera, porque Andrés fue completamente olvidado.

CC: Cierra los ojos e imagina a tus padres frente a ti. Dales las gracias por la vida que te dieron, hazles una reverencia, hónralos. (Pausa) Ahora aparecen en la imagen tus hermanos. Reconócelos uno a uno por orden de edad, incluyendo al que no pudo estar (Pausa). Ahora comienza a voltear poco a poco hacia delante. Allí al frente te esperan tus hijos, y a la derecha de ellos un ángel sostiene en sus brazos a tu bebé Andrés.

Carola Castillo, durante la visualización, colocó en la mesa, al lado de sus dos hermanos, a un nuevo figurín que representaba a Andrés. Cuando Zaida abrió los ojos, lo vio, y una vez más comenzó a llorar. Carola Castillo se lo regaló y le pidió que lo llevara a su corazón y que le dijera que él había sido el primero.

Al terminar la sesión, Zaida preguntó qué iba a hacer con los dos figurines que tenía en cada mano, y Carola Castillo le contestó que su corazón sabría qué hacer.

Testimonio de Zaida (semanas después de la Constelación):

"Aquel día lloré desde el consultorio hasta mi casa, pero cuando llegué, sabía lo que tenía que hacer. Tomé el figurín que representó a Andrés en la constelación e hice un cuento para presentarles a Andrés a mis hijos. Cuando mi esposo llegó del trabajo, le tomé la mano y le entregué el figurín que representaba a su padre, y le dije: "Quiero que con este figurín le demos la bienvenida a tu padre en nuestras vidas". Su cara se desencajó cuando escuchó esto.

Llamé a mis dos hijos y a mi esposo, porque les tenía que contar una historia. Una vez reunidos, les narré: "Hace mucho tiempo, una hermosa chica se enamoró de un muchacho muy buen mozo. Ellos se amaban muchísimo y por eso decidieron casarse. Tanto era el amor que se tenían, que quisieron tener un hijo inmediatamente, y la muchacha quedó embarazada. La alegría del hogar era ese nacimiento, pero ese bebé, que hoy tuviera 20 años, cuando nació no pudo respirar. Esta es la historia de Andrés, su hermano mayor".

En ese momento, mi hija comenzó a llorar y el menor hizo una respiración de alivio, como si se hubiera quitado un peso de encima. Yo les mostré el figurín que Carola me había regalado y les dije que representaba a su hermano. Miguel lo tomó, y dijo que tal vez Andrés hubiera sido como su primo: alto y de ojos azules. Se lo imaginaba grande y fuerte. Les dije que a partir de ese momento, le dábamos la bienvenida a Andrés en nuestro corazón.

Luego mi esposo dijo que él también tenía una historia que contar, y se sacó del bolsillo el figurín que le había entregado minutos antes. Dijo que ese era su papá, y por primera vez escuchamos su nombre completo. Mi esposo también narró una historia esa noche: "Aunque mi papá se marchó de la casa, siempre fue un padre proveedor. Él trabajaba en una hacienda donde se procesaba azúcar morena, y siempre nos enviaba a casa sacos de azúcar. Por eso nosotros, cuando vamos al supermercado, siempre compramos azúcar morena. Mi padre estuvo presente como pudo, aún cuando no lo podíamos ver".

A las dos semanas, mi hijo terminó el 5to grado. La maestra me dijo que lo aprobó por consideración, pero que debía repetir el año. Decidí cambiarlo de colegio, y mi hija me dijo que también se quería cambiar. A las dos semanas de iniciar el año escolar, mi hijo me llegó con un examen en el que había sacado "A", y la caligrafía era espectacular, como yo nunca se la había visto. No podía creer que ese examen era de él. Tanto dudé, que al día siguiente fui al colegio y su maestra me dijo que mi hijo era excelente. Me asombró mucho el gran cambio, porque él había presentado problemas de aprendizaje desde el primer grado.

Con respecto al abuelo, después de la sesión, comencé a buscar su foto. Les pregunté a todos los familiares de mi esposo, y me dijeron que no podían ayudarme. Fue una tarea muy difícil. Las fotos del matrimonio que quedaban eran de la abuela sola, mirándose al espejo, pero ninguna con su esposo. Un día me senté con mis cuñadas y empecé a hablarles de su padre, lo cual era pisar terreno peligroso, porque para ellas éste era un tema vetado. Ese día hasta me puse a llorar, porque no podía creer que ninguna de ellas me podía ayudar. Les decía que yo quería que mis hijos pudieran ver a su abuelo. Antes de irse, la hermana mayor me llamó aparte y me dijo que fuera a su casa al día siguiente. Cuando fui, me pidió que no le dijera a nadie que ella me había dado la foto. Entonces fuimos a su habitación, abrió la gaveta de su ropa interior y, allí, dentro de una caja, había un sobre donde estaba la foto. Cuando la vi, me asombré mucho por el parecido con mi hijo. Estaba muy emocionada. Salí a comprar un portarretratos, y cuando llegué a casa, puse la foto del abuelo al lado de la de mi esposo y luego a mi hijo, a los tres en fila.

Tiempo después hice una reunión familiar en mi casa. Cuando mis cuñadas vieron aquella foto, se impresionaron mucho, querían saber cómo la había conseguido. Les respondí que había hecho magia. Una de las menores me propuso la idea de regalarles la foto a todas en diciembre, y eso hicimos. Desde entonces, he sentido cómo el sistema se movió buscando un nuevo orden, y una de las pruebas es que mi hijo hoy está en séptimo grado, superó los problemas de conducta y le está yendo muy bien en sus estudios".

CAPÍTULO VII

Después de la constelación

Después de una constelación, causa un buen efecto repetir las palabras de resolución o reconexión que se dijeron durante la consulta. También se recomienda imaginarse a los familiares en instancias de nuestra vida cotidiana. Por ejemplo, en el caso de Verónica, de 47 años, quien perdió a su mamá cuando tenía cuatro años, se le propuso que imaginara que le presentaba sus hijos a su madre.

En ocasiones ocurre que luego de la terapia, el cliente descubre su implicación sistémica. Como en el caso de Mariana, de 42 años, que quería saber por qué siempre tenía parejas que se aprovechaban económicamente de ella. Luego del trabajo terapéutico, sintió tal impulso por buscar información acerca de su familia, que visitó a una tía abuela, y descubrió que su abuela materna había sido prostituta, y su gran amor un hombre que se aprovechó de ella y que luego la abandonó. La abuela lo lloró por varios meses y luego se enteró de que estaba embarazada de él. La conexión de Mariana es con su mamá, sosteniendo inconscientemente: "Mamá, si tú no ves lo de atrás, yo sí".

Después de una Constelación Familiar se puede creer que hemos rescatado nuestro sistema familiar. Es importante que se respete lo que se sintió en la constelación, y ese sentimiento lo debemos guardar para nosotros y no hablar del tema, aunque sea por un tiempo, para así evitar contaminarnos con comentarios de otras personas. Hay que tomar siempre en cuenta que este es un trabajo que va más allá de la mente. Cuando se habla de las constelaciones, éstas pierden fuerza y poder. Durante los días siguientes de la constelación, podemos sentir una modificación dentro de nosotros. Aquí la verdad no es un todo, es sólo una de mil piezas que componen la realidad, y a partir de la cual se comienza a reorganizar un todo distinto. La persona también realiza sus propias acciones que tienen mucha fuerza.

Lo importante es que cada quien asuma su compromiso de vida y que reconozca que nadie es responsable de lo que le sucede a uno. Antes de una constelación, no se sabe qué entorpece el camino, luego sabemos que hemos dado el primer paso. Todo en la vida tiene un proceso, todo tiene su caducidad, todo tiene su momento y su espacio, por eso hay cosas que prevalecen y otras que no.

Algunas veces no nos sentimos bien después de una constelación; algo puede cambiar a nivel corporal y eso demuestra que hubo un movimiento. En algunos casos, los clientes sienten rabia

o se molestan con el terapeuta porque no quieren cambiar, y esa actitud no les permite ver lo que se les muestra; o si lo ven, sienten ira porque no quieren que las cosas sean diferentes. El terapeuta no puede ir en contra del gran amor que el cliente le tiene a su familia. Por más duro que sea el presente, hay muchas personas que prefieren seguir viviendo en él que vivir en un futuro incierto, por lo tanto el terapeuta debe ir al lado del cliente y no interferir en su proceso.

Ejercicios o tareas que se recomiendan después de la Constelación:

Escribir una carta a la persona a quien se estaba atado ciegamente, a quien por un embrollo se quería representar. Una vez que se honra a esta persona y se le da un espacio dentro del corazón, se comienza a entender que lo mejor que podemos hacer por ella es dignificar nuestra propia vida, lo cual no puede ser a través del dolor, la pérdida o la enfermedad.

En esa carta, el cliente tiene que hablar desde lo más profundo de su alma o de su corazón. Una vez escrita, se recomienda guardarla y leerla a los 15 días. Si cuando se lee, la persona real-mente se sensibiliza, se puede dar cuenta de quién en realidad escribió esa carta. Pudo haber sido papá o mamá, u otro miembro de la familia con quien nos encontramos conectados. Esta carta se puede leer nuevamente con el transcurrir del tiempo, después de uno o dos años, y así darse cuenta si el alma ha crecido.

- Dedicarle nuestro trabajo a esa(s) persona(s), porque de su destino hemos hecho el nuestro, y si algo bueno surge, sigue valiendo la pena. Que nuestra obra sea en su memoria.

- Graficar la constelación que se realizó en la consulta con los figurines y, a partir de allí, prestar atención en percibir si las posiciones de los figurines han cambiado dentro de nosotros para hacer nuevos gráficos. Es decir, observar si ya no nos sentimos tan lejos de estas personas, sino que, por el contrario, ahora ocupan un lugar en nuestro corazón. Identificar si las cosas están más quietas o más inquietas. Siempre es importante que el cliente trabaje con estos miembros de familia excluidos. Con la toma de conciencia, el cliente puede sentir que ya el amor no es ciego, y que ahora puede ver.

- Rescatar fotografías y colocar a estos miembros de familia en un lugar de nuestra casa es darles importancia. Cuando no se tiene ninguna imagen de ellos, se puede recomendar colocar un portarretratos vacío e imaginarlos allí.

- Un ejercicio que se puede recomendar a los padres que acuden a hacerse su constelación es que les pidan a sus hijos dos dibujos de la familia: uno antes del trabajo de constelaciones y otro después de la constelación, para verificar si la imagen cambia. Cuando los padres hacen el movimiento, el niño lo siente. Los niños tienen un alto nivel de captación.

CAPÍTULO VIII

La interrupción del movimiento amoroso y la terapia de contención

La terapia de contención es una de las que más se ha enriquecido gracias a los conocimientos aportados por Bert Hellinger. Fue inventada y desarrollada por Martha Welch, en los Estados Unidos, para el tratamiento de niños autistas, y es conocida con el nombre de holding. Niko Tinbergen, ganador del Premio Nobel por sus investigaciones de teología comparada, la describió como el medio más natural para restaurar vínculos dañados como, por ejemplo, aquellos que se rompieron debido al nacimiento prematuro, a la cesárea, a la hospitalización, etc., del niño en la fase más temprana de su vida.

Los enredos sistémicos son, con frecuencia, la causa de los trastornos de conducta. Los afectados parecen como embrujados, hechizados, como inmersos en un cuento de hadas, porque se ven forzados a imitar los sentimientos y el destino de un miembro excluido del grupo familiar. Ni como hijos, ni como parejas, pueden tomar el lugar que les corresponde en su familia. Lo único que los puede liberar es descubrir y solucionar el enredo. Por ello, en la mayoría de los casos, la constelación de la familia se convierte en condición indispensable para realizar el subsiguiente proceso de contención, ya que sólo después de la constelación queda claro en qué conflicto se encuentran los miembros individuales de la familia, en qué orden deben transcurrir los procesos y cuál es el tema para la confrontación de la crisis en la relación. Todo hijo percibe el movimiento natural hacia su padre y madre para allí encontrar amor, protección y calor. Este impulso se puede frenar abruptamente si el hijo vive una separación prematura o un rechazo muy grande que lo lastime.

El objetivo de la terapia de contención es brindarles a dos personas que pertenezcan al mismo grupo familiar la oportunidad de que tengan una confrontación emocional con el fin de restaurar lazos que no han sido posibles de restablecer de manera verbal. Esta confrontación, y posterior restauración, comienza con un estrecho abrazo en el que los dos expresan su dolor más profundo, para que vuelvan a sentirse el uno al otro y su amor fluya de nuevo.

La dificultad de esta terapia radica en la tendencia a huir que podría experimentar uno de los dos protagonistas de la terapia, condicionada por el nato instinto de fuga que compartimos con todas las especies del reino animal. Para la resolución será importante, sin embargo, que los participantes sean capaces de superar este impulso para luego comprometerse con la reconciliación. A través del firme abrazo, las dos personas se aseguran mutuamente que soportarán esta polaridad el tiempo necesario, y que no se separarán hasta que el amor vuelva a fluir.

En los primeros dos o tres años, el niño aún depende del contacto y del cuidado de su madre, quien lo lleva pegado a su cuerpo. Esta cercanía ayuda a que el niño aprenda que puede expresar sus sentimientos libremente. La terapia de contención proporciona esta ayuda de manera totalmente natural. En la sociedad de hoy, el ser humano se siente limitado en sus emociones y ya no puede vivir esta experiencia. Por lo general, cuando alguien llora o expresa su ira, se le rechaza o se le castiga con el aislamiento, sintiéndose solo y hundido en el anonimato. Cuando las condiciones de aislamiento emocional son tales que no es posible la reconciliación, se requiere de la terapia de contención.

Por ejemplo, un niño de año y medio que pasa tres meses en un hospital sin que sus padres lo puedan visitar a menudo, puede sufrir un impacto muy profundo. Él no tendrá, en el futuro, ese impulso espontáneo de acercársele a su madre o a su padre; este movimiento natural se interrumpe. La fuerte nostalgia por los padres continúa allí, pero este sentimiento se transforma en tristeza, dolor, rabia y frustración. Quien de niño haya tenido esta experiencia, no encontrará, como adulto, la valentía de entregarse por completo al amor de su pareja. Él está atrapado entre la nostalgia y sus experiencias negativas correspondientes, y en reiteradas ocasiones, podría inconscientemente provocar, mediante su comportamiento, este rechazo. Él espera esto secretamente. Es así como estos sentimientos de tristeza, dolor, ira y frustración se repiten y pueden girar eternamente. Durante las sesiones terapéuticas, puede pasarse años golpeando almohadones sin que por ello su ira cambie sustancialmente. El verdadero sentimiento es el deseo de acercarse al otro.

La curación es posible si se satisfacen las necesidades de la niñez. Hellinger se enfrentó a un cliente durante una constelación semejante y logró que éste, en su interior, volviese atrás en el tiempo, exactamente al momento en el cual se produjo el impacto profundo de la separación. Entonces le pidió que extendiera sus manos y dijera "por favor".

Conmueve mucho ver cuán profundos son el dolor y la frustración y lo difícil que esto es para la persona afectada. El terapeuta puede, como representante del padre o de la madre, abrazar al cliente sólo cuando este "por favor" se pronuncie en forma auténtica. De esta manera, el movimiento que estuvo interrumpido durante tanto tiempo alcanza su meta. Así es como los sentimientos viejos y negativos desaparecen.

La práctica terapéutica con los clientes que han sufrido de un movimiento interrumpido consiste en recrear el proceso de concepción, gestación, nacimiento y crecimiento del niño. El objetivo es que el hijo (cliente) pueda finalizar el movimiento hacia sus padres de forma exitosa, y así alcanzarlos e incorporarlos, para que poco a poco pueda aprender a acercarse a los demás sin desconfianza, amigablemente.

El punto crucial de esta práctica terapéutica se presenta una vez que el bebé ha nacido, cuando su madre (terapeuta) lo toma con mucho amor y lo apoya contra su pecho. El mejor lugar es donde late el corazón. Las palabras para con el bebé (cliente) son: "Estamos felices de que estés aquí", "Eres el bebé más bello del mundo", "Papá y yo te hemos esperado mucho tiempo", "Tú tienes el papá y la mamá más bellos del mundo".

Meditación

"Hay una fuerza, me someto a ella, me dejo llevar, y esto me deja sin opción. Algo está sucediendo allá abajo, y aunque todavía no tengo forma y aunque no sé dónde estoy, esta fuerza me invita porque algo grande va a suceder. Escucho risas entre dos seres humanos: es amor entre un hombre y una mujer. Ellos, por el simple hecho de estar ahí, me dejan sin opción, y esta fuerza muy pronto me va a llamar. Nada qué hacer, todo está bien, nada de qué ocuparse. Ella me lleva, ella es sutil, ella es fuerte. Allá abajo hay ruidos, pareciera ser la vida cotidiana. Es la vida que se me va a regalar y voy a hacer algo con ella, con sus días y sus noches, con sus ruidos y sus silencios. Ahora soy el gran observador de un acto de amor, el que haya sido. Pareciera que el que va a ser mi papá, en este momento está dentro de mi mamá.

La vida… Nada qué hacer, nada qué juzgar. Con una fuerza maravillosa que me arrastra, me está invitando. En este momento, mi papá y mi mamá, en un profundo acto de amor, me van a concebir.

Ya puedo sentir que estoy dentro del vientre de mi mamá. A lo lejos escucho su corazón que me alimenta y que me nutre de vida.

Mamá y papá no saben que estoy aquí, y no se imaginan que el poder del amor entre ellos ha hecho el milagro de que yo esté aquí. Ese sonido que continúa a lo lejos me agrada mucho. Nada qué hacer; mamá se ocupa de todo. Este sonido es mágico. Tranquilo como el mar, se lleva todo.

Apenas tengo dos semanas de estar aquí y nadie aún nota mi presencia; soy tan pequeña… tan pequeño… ¿Qué dirá mi papá, qué dirá mi mamá cuando se enteren? Los días transcurren. Siempre hay ruidos afuera, y a veces escucho voces.

Ya casi tengo un mes, eso que los grandes llaman 30 días. Mi papá y mamá conversan todas las noches y yo los escucho. Hacen planes para el futuro, de cuándo deberían tener un bebé, y la fuerza de la vida ha sido tan grande que ellos no pudieron controlarla. Qué lindo va a ser cuando a la mitad de su proyecto aparezca yo, y ya esté todo hecho. Nada qué hacer, nada de qué ocuparse, mamá se ocupa de todo.

Hoy alcancé mes y medio y estuve jugando y viendo mi cuerpo. No tengo mucha forma aún, pareciera que voy a ser niña, pareciera que voy a ser varón, pero sea lo que sea que ellos esperen, eso es lo que soy, creado de esa fuerza que me llamó con amor en el momento justo, en el momento perfecto. Nada qué cambiar, nada qué alterar… nada.

En el transcurrir del tiempo y alcanzando casi ya mis tres meses, hoy sentí que mi mamá estaba en el baño haciendo ruidos

extraños. Parece que a eso lo llaman vómitos, y parece que es por mi causa. Su cuerpo está cambiando completamente para nutrirme, para que yo, si puedo, algún día haga algo con este regalo de vida. Desde este momento siento gratitud por la vida, porque aunque mamá no se sienta bien, nunca ha pensado en otra cosa que seguir adelante con su proyecto, sea el que sea. Llevarme dentro es lo más importante: ser mamá, sin opción, como la vida.

Tres meses y medio, cuatro meses... Mamá estuvo hoy visitando a un señor que ella llama médico y le hizo una pequeña prueba. Su dedo le dolió porque le sacaron un poco de sangre. Mi mamá acaba de confirmar sus sospechas: ya sabe que estoy aquí... Siento su corazón, siento sus latidos muy dentro de mí. Hoy mamá, por primera vez, colocó sus manos encima de su barriga y se la tocó, y sin darse cuenta, acaricia todo mi cuerpo, no hay nada que quede fuera. Sus movimientos son lentos, suaves y profundos, con mucho amor. Mi mamá es tan bella por dentro que algunas veces me pregunto si será tan bella por fuera. Tiene mucho miedo de este nuevo proyecto llamado "yo". Ahora viene el paso más importante para ella. Yo sé que estuvo toda la noche pensando: ¿Cómo se lo voy a decir? ¿Qué va a decir él? No te esperábamos aún, pero ya estás aquí y estoy decidida a tenerte.

Mamá tuvo una idea hermosa. Le mandó unos escarpines a mi papá al trabajo y él los recibió hoy al mediodía. Había una pequeña nota que decía: "Te esperamos esta noche en casa para cenar los tres". Llegó hoy en la noche y cargó a mi mamá con mucha alegría, y muy conmovido, le dijo: "Gracias por ser mi mujer. Gracias por darme la oportunidad de dejarme ser tu hombre y el padre de tu hijo".

Mi mamá siempre se toca su barriga, siento que me toca a mí, que me toca la mano, el culito, mis rodillitas, y es tan rica esa caricia. Es tan mágico cómo una mano toca todo mi cuerpo.

Nada qué hacer... Mamá se ocupa de todo. Estoy en las mejores manos y tengo la mejor mamá.

Es el quinto mes y ya mamá se siente mejor. Cinco meses y medio, seis meses... Qué apretadito está esto aquí dentro. Pareciera que soy un bebé grande, saludable y que todo va a salir bien. Ayer en la noche hubo una fiesta en mi casa. Mi papá trajo mi cuna, y entre los dos la armaron. Mamá está indecisa si la pared debe ir azul o rosada, porque no quieren saber si soy varón

o hembra. Todo, al igual que la vida, me lo han entregado, y sea lo que ellos sean, son los mejores. Sea lo que sea, la fuerza de la vida me llama a estar aquí.

Seis meses y medio, siete meses.... Hoy en la noche habrá una fiesta porque celebran que pronto voy a llegar. ¡Qué suerte tengo! Afuera escucho voces, algunas son de hombres y otras de mujeres. Todavía no sé quiénes son, pero me imagino que cuando mis padres vean a sus padres, se van a contentar mucho. Así lo siento en mi corazón, porque su alegría me permite estar tranquila(o). Vienen los abuelos, los tíos, los primos, los hermanos, vecinos y amigos, y no faltará ningún invitado. Incluso las personas que les han hecho daño a nuestras familias serán recordadas; también los que murieron a temprana edad. No faltará nadie. Estarán todos aquí para mí.

Mi espacio a los ochos meses ya es demasiado pequeño, mamá algunas veces se queja de mi peso. Ya ha comenzado a preparar la maleta. Pareciera que vamos a una fiesta. Ella habla de colores, de cómo se va a vestir en ese día, quién la va a llevar a el lugar donde dará a luz. Están organizando todo para mi llegada. ¡Cuánto movimiento he creado! Nada qué hacer; mamá se ocupa de todo. Pronto voy a ver el rostro de mi madre y voy a conocer a mi papá. El día se está acercando.

Hoy mi mamá comentó que faltan 18 días para mi nacimiento, y nadie se imagina que la fuerza de la vida se puede presentar mucho antes. Esta fuerza que una vez más me invita a tomarla sin opciones, me dice que ha llegado el momento. Así como fui llamado por el acto de amor, la vida me llama a nacer.

Ahora escucho a mis padres a lo lejos: "Tú puedes, vamos. Lo estás haciendo bien, te queremos conocer. Eres bienvenido, querido bebé".

Lee esta oración mientras imaginas que los ojos de tu mamá y tú papá te miran a través de estas letras.

Oración al Amanecer de la Vida

Querida Mamá / querida mami: La tomo de ti, toda, entera, con lo bueno y lo malo, y la tomo al precio entero que a ti te costó y que a mí me cuesta. La aprovecharé para alegría tuya (y en tu memoria). No habrá sido en vano. La sujeto firmemente y le doy la honra, y, si puedo, la pasaré, como tú lo hiciste. Te tomo como mi madre, y tú puedes tenerme como tu hijo / tu hija. Tú eres la Verdadera para mí, y yo soy tu verdadero hijo / hija. Tú eres la grande y yo soy el pequeño / la pequeña. Tú das, yo tomo. Querida Mamá: me alegro de que hayas elegido a Papá.

Ustedes son los únicos para mí. ¡Sólo ustedes!

Querido Papá / querido papi: La tomo de ti, toda, entera, con lo bueno y lo malo, y la tomo al precio entero que a ti te costó y que a mí me cuesta. La aprovecharé para alegría tuya (y en tu memoria). No habrá sido en vano. La sujeto firmemente y le doy la honra, y, si puedo, la pasaré, como tú lo hiciste. Te tomo como mi padre, y tú puedes tenerme como tu hijo / tu hija. Tú eres el Verdadero para mí, y yo soy tu verdadero (a) hijo / hija. Tú eres el grande y yo soy el pequeño / la pequeña. Tú das, yo tomo. Querido Papá: me alegro de que hayas elegido a Mamá. Ustedes son los únicos para mí. ¡Sólo ustedes!

La *Oración del Amanecer de la Vida* nos ayuda a conectarnos con nuestros padres. Es una oración muy poderosa y sirve para enfrentar los momentos difíciles de la vida porque es un ancla positiva.

En Weber, Gunthard (ed) (2001)
Felicidad dual. Bert Hellinger y su psicoterapia sistémica.
Barcelona: Herder. Págs. 69

La importancia de estar al 100%

Cuando algo nos ata a la familia de origen, el sentimiento de querer ayudarlos y la buena conciencia a la que estamos acostumbrados, hace que no se pueda estar totalmente disponible para el trabajo, la pareja, los hijos o la vida cotidiana en general.

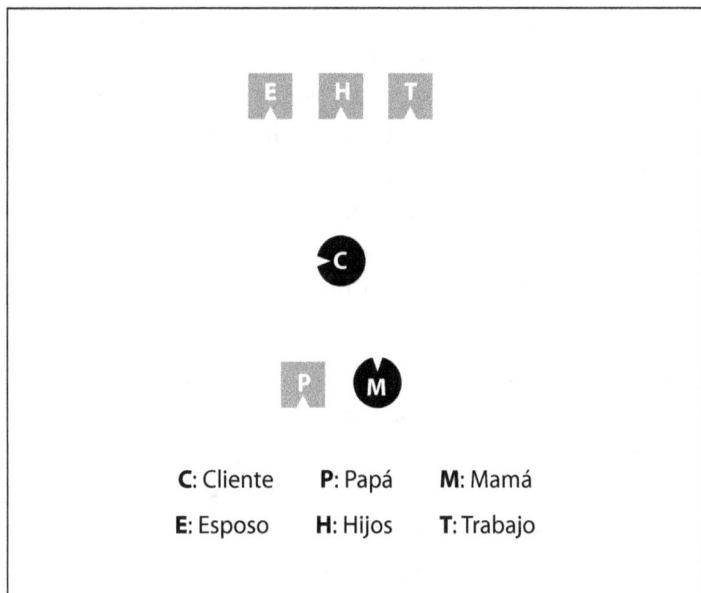

C: Cliente	**P**: Papá	**M**: Mamá
E: Esposo	**H**: Hijos	**T**: Trabajo

Gráfico 1 "No" estar al 100 %

Esto puede suceder durante toda la vida. No importa si se tienen 40 ó 50 años, se puede vivir ocupando el lugar de mamá, de papá o de un excluido de la familia. Este es uno de los motivos de no tener éxito en el trabajo o con la pareja, porque estos dicen: "Yo lo quiero completamente disponible y no lo está, entonces, ¿por qué razón voy a quedarme?". La persona siente como si la halaran de los dos lados, de adelante (de la vida) y de atrás (su familia original). Sólo cuando se asume la propia responsabilidad y se toma conciencia, se da el cambio interno y se puede sentir una reconexión verdadera con sus propios asuntos.

Te invito, lector, a cerrar tus ojos e imaginarte que toda tu familia está detrás de ti: papá a la derecha y mamá a la izquierda. Detrás de ellos están tus abuelos paternos y maternos. Gira lentamente hacia a ellos, e imagina también la presencia de todos los que le hicieron algo bueno o malo a la familia. Imagina a aquellos familiares que extrañas; imagina a esas personas que no conociste pero que has escuchado que jugaron un rol muy importante en la familia. Reconócelos a todos y hazles una reverencia, inclinando tu cabeza sutilmente desde tu centro, desde tu verdadero amor. Ahora comienza a girar de nuevo, poco a poco, hacia adelante, sintiendo cómo todos ellos te apoyan desde atrás y miran con buenos ojos tu movimiento.

En este momento ves de frente a tu trabajo, a tus amigos, a tu hogar, a tu pareja, a tus hijos, a tus proyectos futuros y a aquellas personas importantes que no has logrado comprender. Compara cómo te encuentras con respecto a ellos ahora, después de haber reconocido a todos tus ancestros, y verifica si te sientes totalmente disponible. Puedes pronunciarles estas palabras de sanación: "Ya llegué. Ahora estoy aquí en mi totalidad para ti. Estuve ocupado encargándome de las cosas de mi familia, pero ahora te puedo ver y te puedo dar un espacio en mi corazón".

De lo contrario, puedes pasar toda tu vida jugando a la víctima, preguntándote: "¿Por qué el dinero se me va? o ¿por qué no puedo prevalecer en pareja?", sin darte cuenta de que inconscientemente siempre estás escogiendo a tu "familia", porque ellos tienen más peso.

Tú, lector, puedes darte cuenta de qué está ocurriendo contigo ahora, a través de dibujos o usando objetos (por ejemplo vasos, fichas, botellas) que puedan ejemplificar a los miembros de tu sistema familiar, y plantearte qué quieres representar (tú, tus padres, la prosperidad, el trabajo, la pareja, etc.). Una vez que tengas esto claro, debes posicionarlos proporcionalmente según como sientas que ellos se encuentran con respecto a ti. Esto lo debes hacer sin pensar mucho, para no conectarte con tu parte racional. Es decir, debes manifestar tu imagen interna en un espacio físico. Viendo dónde están ubicados mamá, papá, etc., podrás ver las distancias que hay entre cada uno e imaginarte cuál es el movimiento idóneo que debes hacer para que estos conceptos se reconcilien y estén mejor contigo.

Una vez observado esto, y dependiendo del resultado obtenido, puedes decidir comenzar a dar tus pasos, pero el sólo hecho de sacar todo esto a la luz, te da más herramientas que sólo pensar en los problemas que puedas tener. Si quieres ir más profundo, puedes cerrar los ojos e imaginarte, por ejemplo, a tu madre frente a ti y decirle: "Mamá, ha sido tan difícil para ti como ha sido para mí. Como tú lo hiciste, para mí está bien, pero ahora, por favor, dame tu bendición si lo hago diferente". Luego, al abrir los ojos, trata de hacer un movimiento dentro de la imagen, preguntándote: "¿Están bien los objetos en el mismo sitio o me provoca moverlos un poco?"

Si hallas carencia de disponibilidad, les puedes hablar con toda tu honestidad a tus colegas, jefes, amigos, pareja, o a quien consideres, y decirles: "Ya voy para allá, dame un tiempo. Por favor, tenme paciencia".

Miedo al éxito

En el ejercicio de apertura del taller temático realizado en el marco del 1er. Congreso Latinoamericano de Constelaciones Familiares (Oaxaca, México – Nov. 2003), titulado "Miedo al éxito", les solicité a los 400 participantes que cerraran sus ojos y se imaginaran que el éxito se paraba frente a ellos. Al cabo de un rato, los invité a que identificaran si el éxito era hombre o mujer, y si se les parecía a su padre, a su madre, o a algún otro familiar de la línea paterna o materna. Seguidamente, les expliqué la importancia de estar 100% disponibles, cualquiera sea la actividad que uno lleve a cabo. Algo que sólo se puede lograr cuando no hay asuntos familiares pendientes por resolver.

Al final del taller, los invité a cerrar nuevamente los ojos y a volverse a imaginar al éxito. Les pregunté si se sentían más cómodos teniéndolo adelante, de un lado, o detrás. El haber visto el trabajo previo, hizo que sus imágenes iniciales comenzaran a cambiar.

Una vez que se relaciona al éxito con papá o mamá, se reconoce para quién y por qué no lo alcanzamos, porque tener éxito en cualquier ámbito de nuestra vida (sea en el trabajo o en la pareja) tiene que ver también con la disponibilidad que tengamos para enfrentar los retos que se nos presentan. Lo que hay que buscar es el porqué no hemos estado disponibles y resolver allí, o lo que es lo mismo, hallar qué es lo que viene viajando en nuestro sistema familiar que no ha sido resuelto o que todavía no hemos podido mirar.

EJEMPLO

Manuel acude a una consulta para una asesoría en materia laboral. Él pasó un tiempo largo sin conseguir trabajo y en este momento tiene un mes trabajando como gerente en una empresa en la que ya siente que ciertas cosas no andan bien. Una vez que otorgó la información, procedimos a hacer la constelación. Le pedí que configuráramos al presidente de la empresa, al gerente inmediato de Manuel, a los cinco gerentes anteriores que ocuparon su cargo (todos fueron despedidos) y a las personas que le reportan a Manuel. La imagen que Manuel desplegó evidencia que él está totalmente integrado con su gerente y sus subordinados. En cambio, escondió a los cinco gerentes que habían despedido, y al presidente de la empresa lo colocó muy lejos de toda la acción.

Cuando le pregunté cómo era la relación con su papá, me dijo que muy mala, que tenía muchos años sin saber de él. Le di un figurín que representaba a su papá y lo colocó al lado del presidente. Aquí se evidencia que sólo cuando Manuel se pueda reconectar con su papá y entender su dinámica familiar, podrá integrarse totalmente a su empresa y estar totalmente disponible y presente para su trabajo.

Las palabras de sanación en este caso fueron hacia el presidente de la compañía. Le pedí a Manuel que cerrara los ojos y que se lo imaginara frente a él para decirle: "Ni tú eres mi papá, ni yo soy tu hijo. Yo sólo soy tu empleado, y te agradezco mucho la oportunidad de este trabajo". Manuel también se imaginó a su papá, a su abuelo, a su bisabuelo y a su tatarabuelo, aplaudiéndolo por haberle dicho al presidente esas palabras de sanación. Manuel los miró con mucho reconocimiento y respeto.

Algunas veces creemos que el éxito no se ha acercado y que siempre está parado en el mismo lugar, frente a nosotros, al lado de la vida. En el momento en que se reconocen las dinámicas que vienen de atrás, es que se puede comenzar a ver el éxito.

Las visualizaciones pueden ayudar a dar con la implicación. Si a ti, lector, te cuesta avanzar en la vida o sientes que algo limita tu progreso, cierra los ojos e imagínate que delante de ti hay un gran muro que vas a escalar muy lentamente y con mucho esfuerzo. Mientras lo escalas, chequea los latidos de tu corazón, tus sensaciones, si sientes algún cambio de temperatura, ruidos, si estás relajado o ansioso, etc. Cuando llegues al tope del muro, observa si hay alguien detrás, si es una o son varias personas, de qué sexo es o son, si es alguien relacionado con la familia, si viene de la línea de papá o de mamá, qué sientes al verlos, y pregúntate qué está inconcluso con ellos. Diles: "Ahora los veo y los entiendo, y a partir de este momento les abro un espacio en mi corazón". Haz una inclinación con mucho amor y respeto hacia ellos y siente qué está pasando con el muro. ¿Sigues allá arriba?, ¿el muro desapareció?

Las metas

Si durante toda la vida centramos toda nuestra atención en la meta, nos perdemos el trayecto, y es en el recorrido donde está el mayor aprendizaje. Hay personas que se enrumban hacia la meta en línea recta y otras zigzaguean, y ambas formas son válidas.

Es más fácil idealizar a otros y soñar con otra realidad, que dedicarse a ver dónde estamos nosotros mismos (aquí y ahora) y qué estamos aprendiendo en este instante. Si nos dedicamos a ver dónde estamos, podemos voltear hacia atrás y sorprendernos de todo lo que ya sabemos, y cuando volvemos la mirada de nuevo hacia delante, nos podemos dar cuenta de que nuestra meta ha cambiado o de que ya no es sólo una meta, sino varias.

Pero a veces tenemos demasiadas metas, y cuando observamos nuestra vida cotidiana, nos damos cuenta de todas las carencias que tenemos y cuánto éstas nos afectan. Hay personas que viven exclusivamente con la meta en mente, que de pronto van al mercado, se encuentran con que no hay azúcar y les da un colapso nervioso. Cuando nos deslastramos de todas las metas, podemos observar lo que realmente nos queda. Así podemos comenzar a ver cada segundo, cada inhalar y exhalar de forma diferente, agradeciendo los amaneceres, las puestas de sol, la lluvia, etc., y no estar únicamente pendientes de algo que no aún ha ocurrido y que tal vez nunca ocurra. No tener la mente únicamente apuntando a la meta nos hace estar en el presente, y con esta actitud se alimenta la meta automáticamente.

La vida cotidiana, La Gran Maestra

A veces tenemos miedo o inseguridad de ir a algún sitio, y cuando nos disponemos a salir, de pronto el auto no nos prende o nos tropezamos el pie con la cama. En esos momentos nos debemos preguntar: ¿Por qué me estoy haciendo daño?, ¿por qué tengo que ver mi estuche (cuerpo) maltratado para reconsiderar las cosas? Cuando vamos caminando y nos caemos, la pregunta es: ¿De qué me estoy escapando? Si nos pasa algo mientras cocinamos, hay que preguntarse: ¿Por qué me agredí quemándome con el aceite?, ¿por qué me corté el dedo picando esta cebolla? Al indagar, es probable que nos venga a la mente la discusión que tuvimos recientemente con un ser querido, y es eso lo que debemos trabajar.

Cuando comenzamos a hacer estas revisiones y buscamos tomar conciencia, es probable que pensemos que ahora se están moviendo muchas cosas, pero en realidad siempre todo ha sido así. La diferencia es que ahora se toman en cuenta los *porqués* y *paraqués* de todas las situaciones. Antes íbamos como vendados y ahora nos queremos quitar la venda. Esta es la etapa más dura, porque es como caminar sin piel. Así, cualquier ventarrón nos parece una tempestad.

Al final, todo consiste en asumir el dolor que nos generan las situaciones, y eso da mucho miedo. Por esa razón, muchos prefieren vivir en estado de inconsciencia.

La vida cotidiana es la gran maestra, y ella está conformada por personas comunes y corrientes como nuestros padres, nuestra pareja o nuestros amigos. Podemos conocernos a nosotros a través de ellos.

Hay una frase muy especial que reza: "El maestro ve y el discípulo sigue". Cuando logramos ver nuestras propias cosas, nos convertimos en nuestros propios maestros. Así, cada quien es maestro de su propio camino, llegando hasta donde le es posible, sin seguir el camino de otro forzadamente.

CAPÍTULO X

Trabajo con parejas

Para Hellinger, "hombres y mujeres son diferentes en todos los niveles. Cuando una persona se embarca en una relación de pareja, emprende un recorrido que le es extraño. El hombre inicia una relación con la mujer, y la mujer es un enigma para él. Por otra parte, para la mujer, el hombre también es un enigma".

En un taller, luego de una Constelación Familiar con parejas.

Muchas veces estamos esperando que llegue Paulo Coelho, y no estamos preparados. Digo Paulo Coelho porque soy mujer. Digan los hombres una mujer ideal. Participante Masculino: Cindy Crawford (Todos ríen).

Fíjense la diferencia de las estructuras entre los hombres y las mujeres. Las mujeres, para llegar a centrarse en la sexualidad, necesitan que las estimulen en otras áreas: la flor, el poema, la llamada. El hombre se puede centrar en la sexualidad directamente. Si se logra entender y asumir esto, ya se logra mucho, porque ¿qué pueden hacer la mujer y el hombre para compensar al otro siendo ambos como son? Si yo, como mujer, estoy disponible, ya sé lo que quiere mi hombre y cómo complacerlo. Eso es lo que queda si quitamos los adornos de encima. Sólo nos convertimos en verdaderas mujeres a través de nuestra pareja, el hombre, y viceversa.

Te invito a cerrar los ojos. Imagina a tu pareja frente a ti, y con tu voz interna, dile: "Ambos lo hemos hecho bien y mal, ambos asumiremos las responsabilidades. Si te hago responsable de lo mío, es mucho para ti. He comenzado a ver a tu familia y a la fuerza que ella genera, y la respeto". Imagina que ahora visualizas a toda tu familia contigo, y dile a tu pareja: "Te presento a mi familia y a nuestra fuerza. Gracias por respetarla".

Muchas veces, cuando se hace terapia de pareja, se puede observar que los involucrados pierden la noción de quién es mamá y quién es la esposa, o de quién es papá y quién es el marido. Es muy importante darle orden a la dinámica de la que proviene cada uno, sólo así la pareja puede reconocer y honrar de dónde viene para luego ver a la pareja como lo que realmente es.

Cuando ambos integrantes de la pareja asisten a la consulta, yo le pregunto a cada uno qué quiere trabajar y sopeso los planteamientos. Para mí, lo más importante es tratar al que está más atado a su familia, para que el otro reconozca la dinámica en su pareja. Por lo tanto, el que observa es el que más trabajo tiene que hacer, porque su compañero lo está haciendo como puede. Después del trabajo, se le pregunta al que observa si cree que su pareja lo ha hecho bien o mal. Cuando se asiente a esto, la respuesta es que lo está haciendo muy bien, de esta forma surge algo positivo dentro de la pareja. De lo contrario, cada quien seguirá peleando por lo suyo. Pero es irreal lograr un cambio de conducta de un momento a otro, porque son muchos años haciendo lo mismo y eso es más grande que lo que el otro puede aspirar. Recordemos que dentro de la infelicidad de los clientes hay felicidad, y el hecho de que tengan que comenzar a caminar por su propia cuenta, podría generarles mucho miedo.

Esta terapia busca descubrir con quién está el cliente implicado dentro de su sistema familiar, para reconocerlo y honrarlo. Es decir, en ella el reconocimiento es básico. Por ejemplo, en la familia de Gloria, la demencia viene viajando por muchas generaciones y ha causado muchos eventos trágicos. En este caso, es importante que Gloria reconozca que la demencia forma parte de su sistema, para que se pueda conectar con sus padres y con su esposo de forma diferente.

Veamos esto a través de un caso.

"No puedo quedarme en un solo lugar"

Luis, de 49 años, no ha formalizado su relación con Esperanza, y eso le molesta. Luis sostiene que no puede estar tranquilo en un solo lugar, hecho que genera crisis en su mujer.

Luis es hijo único, por lo tanto se deben revisar ambas líneas para encontrar a quién puede estar compensando. Sus padres son inmigrantes españoles, y el padre acaba de tomar la decisión de regresarse a España. El abuelo materno fue un inmigrante que se fue de España a Cuba. La abuela materna, de carácter fuerte y dominante, tuvo un primer hijo que inmigró a Argentina y murió. La madre de Luis se casó, tuvo a Luis y se mudó con su marido a Venezuela, pero cuando llegaron aquí, enviaron a su hijo adonde la abuela materna en España.

Aquí se observa que esa inquietud de Luis de no poder estar en un lugar, tiene que ver con la dinámica de la familia. En su sistema viene viajando esta información: "Si no me muevo, no estoy tranquilo". Para Luis, la inestabilidad es estar en un mismo lugar. Luis sólo lo quiere hacer como hizo su familia.

En este caso se procedió a hacer una visualización en la que Luis se imaginó a sus padres partiendo de España en búsqueda de mejoras económicas, pero con mucho dolor, porque dejaban a sus familias. Luis les dijo: "Papá, mamá, denme su bendición si me quedo en un solo lugar". Seguidamente se hizo un ejercicio de integración que proviene de la Programación Neurolingüística. Luis tuvo que cerrar sus ojos y "colocar" a España en su mano derecha y a Venezuela en la izquierda. Cuando se le preguntó cuál de las dos pesaba más, él respondió España. Entonces se le pidió que le diera a Venezuela el mismo peso que tenía España, y que luego uniera lentamente esas dos energías, acercando las manos. Esto puede resultar muy difícil porque se recrea el proceso. Este ejercicio de integración ayuda a unir ambas raíces. Luego de juntar las manos, se le pidió que entrelazara los dedos y los llevara a su pecho diciendo: "De esta historia vengo yo".

Lo más importante es lo que la pareja vio. Para finalizar la sesión, la pareja se miró a los ojos, y Luis dijo: "Esta es mi carga, sé paciente con ella", y Esperanza respondió: "Para mí está bien de dónde tu vienes, honro tus raíces. Ahora entiendo tu intranquilidad por moverte de un lado a otro". El trabajo fue de ella. Él puede seguir en lo suyo, y si lo poco que queda de Luis es para Esperanza, es suficiente.

CONSTELACIÓN DE JULIA
Miedo a prevalecer en la relación de pareja

CC: Es difícil identificar qué edad tienes tú.

Julia: 39 años.

CC:¿Estás casada?

J: Mi pareja y yo tenemos 16 años juntos y tenemos dos hijos, pero no nos hemos casado.

CC: ¿Tienen una buena relación de pareja?

J: No es muy buena.

CC: ¿Por qué?

J: Yo siento que vivimos en mundos distintos.

CC: Mira esto...

Carola Castillo se pone de pie, toma a una mujer y a un hombre del grupo y les pide que se coloquen uno frente al otro, mirándose. Ahora les pide que se volteen y se den la espalda, para simular que viven en mundos diferentes. Los toma de los brazos y les pide que caminen. Al caminar, se reencuentran uno frente al otro.

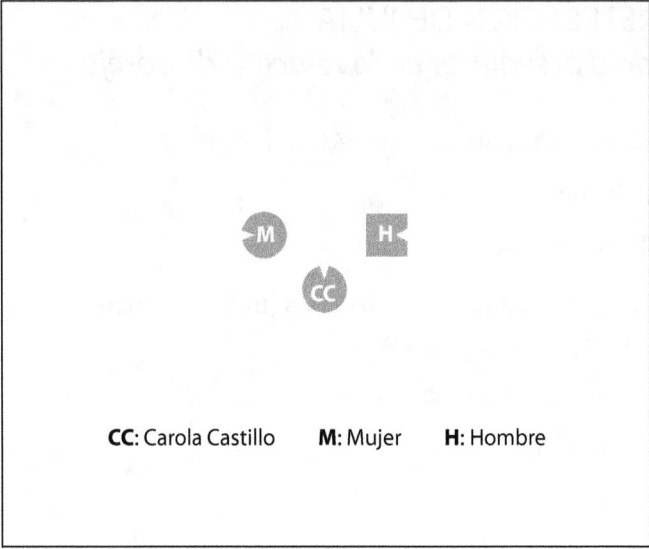

CC: Carola Castillo   M: Mujer   H: Hombre

Gráfico 1

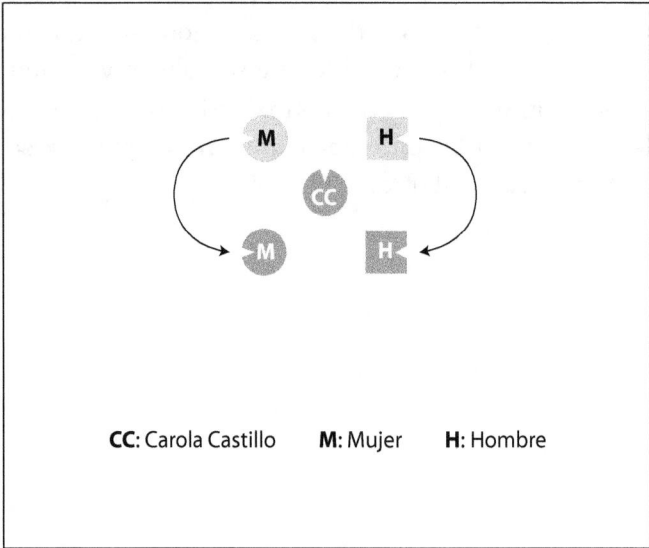

CC: Carola Castillo   M: Mujer   H: Hombre

Gráfico 2

Los participantes del taller ríen abiertamente, algunos hacen expresiones de asombro.

CC: Es muy difícil imaginarse que los mundos sean tan distintos si llevan 16 años juntos y tienen dos hijos. Deben ser sumamente parecidos. Pero ya tú hiciste lo más importante, le diste continuidad a la vida a través de tus hijos. Ahora lo que hay que buscar es que estés lo más disponible para tu pareja y tus hijos. ¿Por qué razón no se han casado?

J: Lo acordamos así desde un principio. Él venía de un divorcio y yo de vivir sola, y valoraba mucho mi libertad. Pero ahora que me lo preguntas, no sé si le tengo miedo al compromiso.

CC: Miedo al compromiso y a crecer. Al que se compromete en el nexo del matrimonio no le queda otro remedio que crecer, y cuando se tiene miedo a ser adulto, se busca a un hombre que no se quiera casar, como en tu caso. ¿Qué asunto quieres tratar?

J: Tengo miedo de prevalecer, de ser distinta, de ser rechazada.

CC: ¿Por qué?

J: Ahora recuerdo que yo nací de 9 meses, pero con características de sietemesina, por lo que me tuvieron que cuidar mucho. Estuve en la incubadora, y ahora me viene a la mente una frase de mi papá: "Menos mal que te alimentaste y creciste, y ahora eres fuerte".

CC: Busca en el grupo a alguien que te represente a ti, y ubícalo en el lugar que creas correspondiente.

Julia se pone de pie, escoge a una joven y la coloca en el medio de la sala.

CC (a la representante): Céntrate, tómate tu tiempo y sigue tu movimiento.

Al cabo de un rato, la representante comienza a inclinarse hacia delante, estirando un brazo hacia abajo y el otro hacia atrás. Carola

Castillo coloca a una mujer acostada en el piso, une la mano de la representante de Julia con la de ella y posiciona a un hombre de pie, detrás de ella, sosteniéndola.

J (con voz llorosa): Eso siempre ha sido así. La que está en el piso es mi mamá, que falleció cuando yo tenía 7 años, y el que me sostiene para que no me vaya con ella es mi papá.

CC (a la representante de Julia): ¿Qué está pasando contigo ahora? Representante de Julia: Me acostumbré a estar así.

CC (al padre): ¿Y contigo? Padre: Siento que si no la sostengo se me va.

Carola Castillo suelta ambas manos de la representante de Julia, la endereza con sutileza y la acerca a la madre.

CC (a la representante de Julia): Dile a tu mamá: "Mamá, cuánta falta me has hecho".

La representante de Julia repite y comienza a llorar.

CC (a Julia): ¿De qué murió tu mamá?

J: Me dijeron que de una enfermedad, pero yo escuché que tomaba mucho.

CC (a la representante de Julia): Dile a tu mamá: "Prefiero seguir juzgándote que reconocer el dolor que me ha ocasionado tu partida" (La representante llora mientras repite esta frase).

Carola Castillo coloca a dos mujeres acostadas al lado de la madre de Julia. La tensión de la representante de Julia disminuye notablemente, cesa su llanto y comienza a alejarse poco a poco de la mamá. Luego, la consteladora la invita a formar parte de la constelación. Julia se acuesta en el piso y abraza a la representante de su madre.

CC (a Julia): "No importa si no entiendes, si no comprendes, así está bien. La fuerza que está detrás de tu madre fue más grande que el mismo deseo de ella de quedarse contigo. Ella ya pagó su precio.

Tú sólo tienes que dejarla en paz, asentir a esto y a tomar la vida al precio que sea. Ahora dile: "Mamá, tú pagaste un precio muy alto y ahora yo honro lo que hiciste. Dame tu bendición si prevalezco siendo distinta. Mírame con buenos ojos, porque a veces me siento rechazada" (Julia rompe en llanto abrazando a su madre. Al cabo de un rato, Carola Castillo la ayuda a levantarse y la coloca frente a su padre. Se abrazan fuertemente, y ambos lloran).

CC (a Julia): Dile "Tu lugar es al lado de mi mamá, y eso me duele mucho. Creo que ha sido mucho para ti, y por eso te he querido ayudar. Ahora me voy a ocupar de lo mío y ese va a ser mi regalo para ti".

Carola Castillo coloca al frente de Julia a un hombre que representa a su pareja.

CC (a Julia): Obsérvalo y dile: "He tratado de ser distinta. He sentido que puedo morir si nos casamos. Gracias por los hijos que me diste. Puede ser que ahora concretemos nuestro matrimonio". (Después de una pausa. A Julia): ¿Lo puedo dejar aquí?

J: Sí, muchas gracias. Todos vuelven a sus lugares.

CC: No hay nada más bello que la buena conciencia. Para Julia debió ser difícil cuando sus hijos cumplieron los 7 años. ¿No es así?

J: Sí. Tuve muchas pesadillas.

EJERCICIOS
Acerca de la Pareja

Ahora te invito a que describas a la pareja que deseas tener. Escribe todas las características que consideras imprescindibles en ese ser. Puedes comenzar con la frase: "Busco pareja...". Cuando hayas finalizado, pregúntate si esta pareja se parece a alguien de tu familia. Si es un hombre, ¿se parece al padre que añoras? Si es una mujer, ¿hay alguna diferencia o similitud con tu madre?

En el caso de ya tener pareja, puedes escribir: "Gracias por enseñarme..." y escribir lo más importante que has aprendido de esa persona con la que compartes. Esto también lo puedes hacer con tus parejas anteriores.

La homosexualidad - El niño de mamá

CC: ¿Qué está pasando contigo?

Augusto: Terminé hace días con mi novio y ha sido muy difícil. Mario es la pareja más importante que he tenido, y este rompimiento me tiene destrozado.

CC: ¿Cuál fue la razón de la ruptura?

A: Su mamá se mudó a vivir con él y yo sentía que ella estaba presente en todo momento, y que por ella, Mario y yo no teníamos intimidad. Al final lo herí mucho hablándole mal de su relación con su mamá.

CC: ¿Cómo te la llevas tú con tu mamá?

A: No muy bien. Mi mamá es una persona muy dura y pelea mucho.

CC: ¿Qué tal es tu relación con tu papá?

A: Muy buena. Hacemos muchas cosas juntos, como ir al cine y compartir lecturas.

CC: ¿Y cómo se lleva Mario con su papá?

A: Sus padres se divorciaron al poco tiempo de él nacer. Su padre vive en el exterior. Ellos se llaman y se visitan de vez en cuando, pero es una relación distante.

Carola Castillo se levanta y toma a un hombre y a una mujer y los coloca uno al lado del otro.

CC (a Augusto): "Levántate y colócate al frente de él. Él es Mario y ella es su mamá". ¿Qué te pasa cuando los ves a ellos juntos?

A: Me late muy fuerte el corazón. Siento impotencia y eso me da rabia.

CC (a Augusto): Dile a él: "Me da rabia la manera en que amas a tu mamá porque yo no amo a la mía de la misma forma". (Augusto comienza a llorar. Carola Castillo coloca a un hombre y a una mujer detrás de Augusto. Ellos representan a sus padres. Carola voltea hacia Augusto y lo coloca justo al frente a su madre). Dile: "Mami, cuánta falta me ha hecho amarte de la misma manera que Mario ama a su mamá. Por ti he pagado un precio muy alto. Ese ha sido mi amor, tan válido como el que Mario siente por su mamá".

Augusto la abraza fuertemente por largo tiempo. Cuando se sueltan, Carola Castillo lo invita a hablar.

CC: dile a tu mamá: "Rechazándote tanto, no he hecho más que parecerme a ti"

Augusto asiente profundamente conmovido.

CC (a la mamá de Augusto): Dile a tu hijo: "Me gusta tu dignidad. Ve y sé el mejor homosexual del mundo".

Carola Castillo voltea a Augusto de nuevo hacia Mario y su madre.

CC (a Augusto): ¿Cómo se ve ahora eso?

A: Mucho mejor.

CC: Del 1 al 100, ¿cuánto bajó la rabia?

A: Más de 90.

CC (a Mario): Dile a Augusto: "Me da rabia la forma en que amas a tu padre, porque yo nunca pude amar al mío así. Nosotros nos complementábamos y por eso tuvimos una relación tan importante". (A Augusto): Dile a Mario: "Gracias por los días que compartimos juntos. Si nuestra relación ha de ser, prevalecerá. Yo ya tengo a mi mamá acá conmigo. Gracias por mostrarme esto tan valioso, sólo esto justifica nuestra relación". (A Augusto): ¿Cómo quieres que sea tu próxima pareja?

A: Quiero a alguien que no me quiera sustituir ni por su papá ni por su mamá. Quiero a alguien que sea tan digno como yo.

CC: Muy bien. Aquí lo dejo.

Todos vuelven a sus lugares. Augusto aún llora, le da las gracias a Carola y la abraza.

CC (al grupo): Esto nos demuestra que la pareja es lo más maravilloso para crecer y ver nuestros propios asuntos. La pareja es el espejo. Siempre hay que ver qué nos está mostrando en cada instante. Es muy ostentoso decirle al otro que cambie, porque para que eso ocurra habría que viajar como 400 años atrás, que fue cuando se generó todo. (A Augusto): Ahora que cada quien le reventó la dinámica al otro, es como si le hubieran dado palo a la piñata. Tienen dos opciones: organizarse para recoger los juguetes o dejar todo regado en el piso. Por tu parte, ahora tienes que asumir tus consecuencias, y una de ellas es sentarte y asentir a todo el dolor que esto te genera.

Sólo de allí podrás crecer. Si te resguardas en el "mea culpa" o en la rabia, no podrás ver el dolor y así no podrás superar esta relación.

CONSTELACIÓN DE HUGO
¡Seré el mejor homosexual!

CC: ¿Qué quisieras trabajar?

Hugo: Tres cosas: mi homosexualidad, haber sufrido abuso sexual cuando era niño y el miedo que le tengo a mi papá.

CC: Cuando somos sinceros con los demás y mostramos nuestras heridas, asentimos a nuestros límites, y lo que queda es una profunda sensación de paz, de ser honestos con nosotros mismos. Con respecto a tu planteamiento, cuando uno hace trabajo del alma hay frases que retumban más que otras y, en este caso, cuando dices "le tengo miedo a mi papá", a mí parecer lo otro es consecuencia de esto. ¿Estás de acuerdo?

H: Sí.

CC: ¿Estás definido en tu homosexualidad?

H: Sí. Yo estoy claro que soy homosexual.

CC: Eso es lo más importante. Yo respeto a los homosexuales y no trabajo para cambiar eso. Lo que busco es que lleven su homosexualidad con dignidad, para que puedan resolver asuntos como el de no poder tener una pareja (hace una pausa, mirándolo). ¿Quién abusó de ti?

H: Un familiar de mi mamá.

CC: ¿Un tío?, ¿un primo?

H: A mi mamá no la crió su mamá, sino una tía mía. Bueno, fue un hijo de esa tía, que vendría siendo un primo mío.

CC: ¿Fue un abuso mental o corroborado físicamente?

H: Corroborado físicamente.

CC: Te pregunto esto porque hay personas que dicen que fueron abusadas, pero cuando se ahonda en el caso, lo que tienen es un presentimiento que proviene de un sueño, y por lo tanto, el terapeuta debe dudar de esta información. ¿Qué es lo que quieres trabajar?

H: He visto claramente que he estado del lado de mi mamá, y pienso que lo correcto es que yo pase al lado de mi papá. Pero siento que no puedo hacer este movimiento aunque trate. Creo que no puedo tomar a mi padre.

CC: ¿Qué tipo de movimiento tratas de hacer?

H: Acercarme a mi padre, sentir por él lo que siento por mi mamá. Y creo que esta situación también afecta al resto de mis relaciones, porque personalmente siento más afinidad por las mujeres que por los hombres.

CC: ¿Tienes pareja?

H: No.

CC: La dinámica familiar siempre sale a relucir, y es muy difícil estar presente para una pareja si no hemos resuelto nuestra situación con papá y mamá (Pausa). Busca a una persona que represente a tu papá y a otra que te represente a ti.

Hugo se pone de pie, escoge a los dos representantes y los ubica.

P: Padre   RH: Representante de Hugo

Gráfico 1

CC (Al cabo de un rato. A los representantes): Si ustedes quieren hacer algún movimiento, háganlo.

El padre voltea para ver a su hijo. El representante de Hugo permanece sin moverse.

CC (al padre): ¿Qué está pasando contigo?

P: Me duele sentirlo distante e indiferente conmigo.

RH: Lo siento como un extraño, pero no tengo fuerzas para moverme. Me siento solo, pero creo que estoy bien así.

Carola Castillo integra a un tercer hombre mirando al padre de Hugo (el abuelo). Cuando se posiciona, Hugo voltea poco a poco para mirarlo.

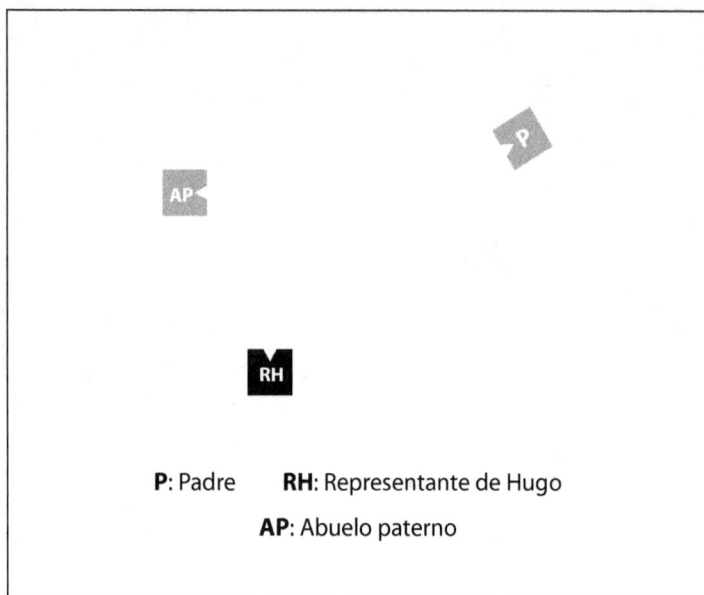

P: Padre   RH: Representante de Hugo
AP: Abuelo paterno

Gráfico 2

El abuelo y el padre se ven con rivalidad.

CC (a Hugo): Cuéntame de tu abuelo.

H: No tengo mucha información sobre él. Sólo sé que abandonó a mi papá y que antes de morir lo llamó porque le quería dejar unas tierras y mi papá no las aceptó.

CC (al abuelo): ¿Qué está pasando contigo?

Abuelo: Tengo mucha rabia hacia él (señala al padre).

Padre: Y yo siento rechazo por él (señala al abuelo).

Cuando los escucha, el representante de Hugo voltea nuevamente para darles la espalda, adoptando su posición inicial.

CC (al representante de Hugo): ¿Qué está pasando contigo?

RHugo: Al principio sentía atracción por él (señala al abuelo), pero después de escucharlos sentí rechazo, y ahora no quiero saber más nada de ellos.

Carola Castillo voltea al representante de Hugo y le dice: "Simplemente obsérvalos".

CC (a Hugo): ¿Qué tipo de miedo le tienes tú a tu papá? ¿Miedo a una reacción física? ¿Te intimida?

H: Es como que no quisiera estar con él.

Carola Castillo coloca a Hugo al lado de su padre y le dice que su padre tiene una energía perpetradora, y lo invita a que la sienta. Hugo se para al lado de él y asiente.

CC (a Hugo): ¿Quién te contó lo de las tierras?

H: Mi papá.

CC: Cuéntame algo de él.

H: Mi papá es un hijo natural, no reconocido. Lo crió mi abuela, no su mamá.

CC: ¿Tú crees que es cierta la historia de las tierras?

H: No mucho.

CC: Muchas veces los padres asumen como muy graves ciertos aspectos de su historia familiar y no saben cómo lidiar con ellos, entonces prefieren esconder el secreto creyendo que así reivindican el pasado para el beneficio de sus hijos, y crean historias nuevas, como por ejemplo: "Antes de morirse, me llamó para dejarme unas tierras y yo no las acepté".

Carola Castillo escoge a una mujer como representante de las tierras y la coloca al lado del abuelo.

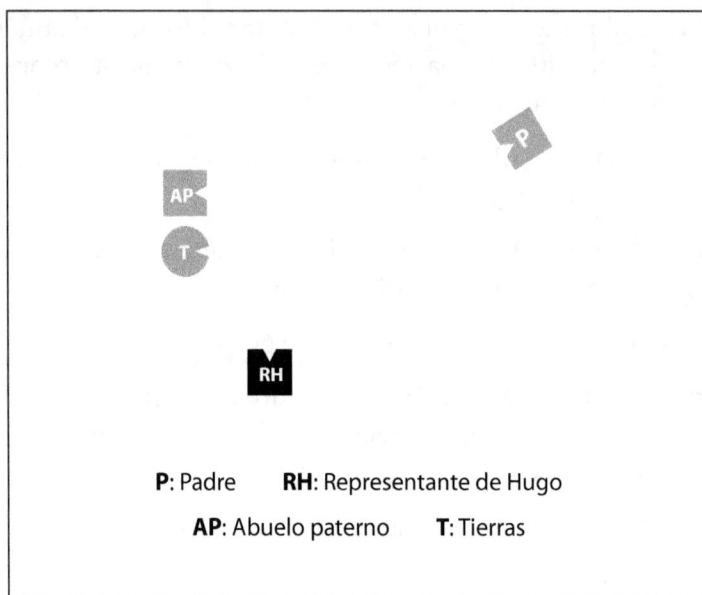

P: Padre   RH: Representante de Hugo

AP: Abuelo paterno   T: Tierras

Gráfico 3

CC (al abuelo): ¿Cómo te sientes con ella al lado?

Abuelo paterno: Peor.

CC (al padre): ¿Cómo te sientes desde que ella llegó?

Padre: Igual que antes.

CC (al representante de Hugo): ¿Y tú?

Representante de Hugo: Siento rechazo por todos, como si no quisiera pertenecer a este grupo. Pienso: "¿Cómo puedo ser como soy, proviniendo de esta gente?"

CC: Algo como ¿quién puede decir que yo pertenezco a esto?

Representante de Hugo: Sí, tal cual.

Carola Castillo toma de la mano al representante de Hugo, lo lleva hasta el abuelo y le dice: "Míralo y repite lo que me acabas de decir". El representante repite sus palabras. Carola Castillo coloca a cuatro personas acostadas en el piso para representar a las víctimas del suceso ocurrido, cualquiera que haya sido. Les pide a Hugo y a su representante que las acompañen y que se acuesten al lado de ellas.

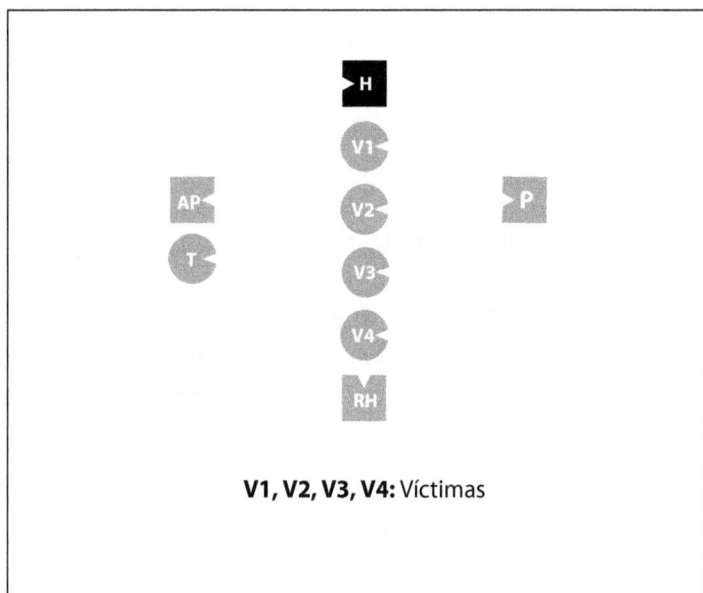

V1, V2, V3, V4: Víctimas

Gráfico 4

El padre muestra mucho desagrado por la imagen.

CC (al padre): ¿Qué está pasando contigo?

Padre: No quiero ver eso.

Carola Castillo lo voltea para que mire hacia la dirección contraria. Le pregunta: "¿Mejor o peor?", él responde que mejor.

CC (a Hugo): ¿Quién está pagando el precio de lo que pasó?

H: Creo que yo.

CC (al representante de Hugo): ¿Te sientes mejor o peor desde que te acostaste?

RH: Mejor. Es más, estoy a punto de dormirme.

CC (a Hugo): ¿A quién crees que ayudas estando allí?

H: No sé.

CC (a Hugo): Muchas veces, los niños ayudan a la persona que ni siquiera quiere encarar los sucesos, diciéndole inconscientemente: "Si tú tienes miedo, yo lo hago por ti".

H: Creo que estoy aquí por mi papá.

CC: Cuando un hijo intenta reparar la culpa del padre, se arroga un derecho que no le pertenece, y eso lo conlleva al fracaso. Pero él lo hace por amor, y por esa razón el hijo no siente culpa. (A Hugo): Voltea hacia arriba y dile a tu papá: "Papá, por favor, mira esto. Yo soy sólo tu hijo y estoy pagando el precio".

El representante de Hugo comienza a toser muy fuerte mientras Hugo repite estas palabras. Carola Castillo coloca al padre frente al abuelo.

CC (Al padre): Dile: "Papá, mi hijo está pagando el precio". (Al abuelo): Dile: "Deja la responsabilidad en mí, yo la asumo".

Carola Castillo le pide al abuelo que se acueste al lado de las víctimas y que les diga: "Lo importante es que estamos juntos. Por favor bendigan a mi nieto. Gracias".

Ahora le pide a Hugo que poco a poco se levante y que sienta todos sus movimientos, y que esté muy consciente de lo que está haciendo.

CC (A Hugo): "Mira a tu alrededor, observa las víctimas y despídete de ellas". (Al representante de Hugo): "Piensa si quieres hacer el mismo movimiento".

Este también se levanta. Carola Castillo le da las gracias y le dice que puede retirarse de la Constelación.

CC (a Hugo, que ya está de pie): El perpetrador clama por su víctima y la víctima clama por su perpetrador. Sólo estando juntos, ellos encuentran la paz, y el sistema no descansa hasta que consiga su resolución. (Coloca a Hugo frente a su padre. A Hugo): Dile: "Papá, siento dolor. Por favor, ve esto (le muestra las víctimas). De ti solamente voy a tomar la vida, y voy a sacar partido de ella; tú te puedes quedar con esto. Dame tu bendición si hago lo que a mí me corresponde".

Carola Castillo le baja la cabeza y le dice: "Ríndete a él", invitándolo a acostarse boca abajo, brazos arriba, al frente de su padre. Hugo llora mientras hace este movimiento.

Al cabo de un rato, Carola Castillo le pide al padre que lo levante y le diga: "Ambos hemos sido poco hombres. Te doy mi bendición si emprendes vuelo; guardo profundo respeto por ti". Se abrazan llenos de ternura.

Carola Castillo coloca a una mujer, quien representa a la mamá de Hugo, al lado del papá.

CC (a la mamá): Dile a tu hijo: "Le puedes dar un lugar en tu corazón a tu papá. Para mí está bien que tu papá sea tan importante para ti como yo lo soy". (A Hugo): "Mamá, gracias por escoger a mi papá. Estoy comenzando a ver mi dignidad".

Carola Castillo lo voltea. Ahora Hugo tiene a sus dos padres detrás de él, respira profundo y se sonríe.

CC (A Hugo): "Ahora es como si te acabaran de despedir del trabajo que tenías, porque acabas de entender lo único que te ocupaba allá atrás (señala hacia sus padres). Es hora de que veas qué hacer con tu propia vida. Cuéntame qué ves allá adelante".

H (su rostro luce alegre): Hay vida, hay trabajo, hay una pareja.

Carola toma una rosa de un florero cercano y se le acerca a Hugo.

CC (a Hugo): "Para ti. Este es un regalo de la vida".

Todos vuelven a sus lugares. Hugo huele la rosa y ríe fuertemente.

CC: Aquellos que vienen de muy abajo, que han sufrido abusos, depresiones, abandono, intentos de suicidio, abortos, que han sido codependientes, etc., son los que más alto se pueden levantar. Para llegar a ser algo arriba, hay que considerar que el hueco de abajo es proporcional. Es equivalente a la imagen de que para iniciar el recorrido hacia la elevación, hay que bajar para tomar impulso. Para que la luz brille, necesitamos la oscuridad. (A Hugo): Tengo la imagen de que también abusaron de tu papá y que tú quisiste hacerlo igual que él. Porque tú puedes ser muy sutil, pero también tienes la energía perpetradora. Ahora no tienes que ir adonde papá a preguntarle nada. Lo que debes hacer es dejar que esto se trabaje.

CAPÍTULO XI

El cuidado del alma

DINÁMICA DE VÍCTIMAS Y PERPETRADORES

Hay que velar por el alma de todas las personas, y eso es tan difícil como caminar por la vida como si camináramos sobre papel de arroz. Esta premisa la debemos conservar en todo momento, incluso cuando conversamos con nuestros amigos y uno de ellos comienza a hablar mal de otra persona. El que habla descarga, y el que escucha se convierte en cómplice. Yo pienso que hay dos tipos de tontos: el que habla y el que escucha, porque muchas veces, escuchando, nos cargamos de cosas inadecuadas y aceptamos cargas emocionales que podríamos evitar y que no nos brindan nada positivo. Es muy digno decir: "Amigo, ¿sabes qué? Prefiero no escuchar eso". Pero se requiere de valor para decir eso, porque se corre con el riesgo de afectar la relación.

Debemos estar siempre atentos a las consecuencias de todos nuestros actos, que son siempre muchas más de las que nos imaginamos. Por lo general, pensamos que las consecuencias podrían ser dos o tres, pero en realidad resultan ser más de diez, y en esos casos debemos tener una actitud de fortaleza interna para decir: "Estas son mis consecuencias y las asumo todas".

Cada vez que tomamos una decisión, debemos estar atentos a nuestra cuota de responsabilidad. Tenemos la tendencia de responsabilizar a los demás por muchas de las cosas que nos suceden, buenas y malas. Quien se está abriendo a algo maravilloso,

o quien se está agrediendo es uno mismo, pero uno se resiste a esa verdad. Lo que corresponde entonces es aprender a asumirla y a cargar con ella, que ya es bastante. Los que se sienten con el derecho de hacer daño a los demás, no saben el daño que se están haciendo a sí mismos. En cambio, cuando somos buenos con la vida, ella es buena con nosotros.

Eso se explica muy bien en esta frase: *Todo lo que se realiza a un nivel superior en un sentido de compensación, requiere más fuerza y se convierte en bendición.*

CONSTELACIÓN DE CORINA
"Gracias por ayudarme a ser víctima"

CC: ¿Cuál es tu caso?

C: Trabajo en una asociación de vecinos y siento que soy la víctima del presidente.

Carola Castillo le pide a Corina que se levante, y llama a un hombre del grupo y lo coloca frente a Corina.

CC (a Corina): Este es tu perpetrador, ¿qué crees tú que puedas hacer?

Corina duda por un instante y luego se distancia de él.

CC: Apartarse es fácil. Pero mira…

La voltea y le coloca a una mujer al frente (que representa otra asociación de vecinos) y el perpetrador queda a sus espaldas.

P: Perpetrador   **C:** Corina

NAV: Nueva asociación de vecinos

Gráfico 1

CC (al perpetrador): ¿Qué pasa contigo cuando ella se va?

Perpetrador: La quiero seguir.

CC (a Corina): ¿Tu energía está más alta o más baja que la de ella? (señala a la nueva asociación de vecinos).

C: Creo que más alta.

CC: Tú pasarías ahora a ser la perpetradora, porque no solucionaste correctamente lo anterior.

Carola Castillo toma a Corina por un brazo y la voltea de forma que queda posicionada, encarando de nuevo a su perpetrador.

CC: ¿Qué tal darle las armas y decirle?: "Aquí tienes mi arsenal, me puedes aniquilar con lo que quieras". Vamos, hazlo, dile tus dinámicas.

C: Gracias por ayudarme a ser víctima, por ayudarme a renunciar a espacios que son míos, gracias por someterme. Te agradezco el haberme mostrado mis propios asuntos. Ahora no quiero seguir trabajando para ti, pero estoy muy agradecida.

En ese momento baja la tensión de la constelación. La representante de la nueva asociación de vecinos hace una respiración profunda.

CC (al perpetrador): ¿Cómo se siente eso?

P: Mucho mejor.

CC (a Corina): ¿Y tú? (Corina suspira y asiente. Al grupo): Cuando se hace este movimiento, la energía de ellos dos se balancea, porque al ella asumir su responsabilidad, le disminuye la fuerza a su perpetrador. Si ella no lo reconoce, renuncia y se va a otra asociación de vecinos, seguirá girando en el mismo embrollo. Esto sucede no sólo en el trabajo, sino en la pareja, con los amigos, etc. En cambio, si se da el paso anterior…(la vuelve a voltear hacia la otra asociación vecinal). ¿Ella cambió para ti?

C: Ahora me gusta más.

CC (al perpetrador): ¿Cómo te sientes ahora?

P: Deseo que le vaya bien.

CC: Y mejor aún. (Toma a la segunda asociación de vecinos y la coloca al lado del perpetrador).

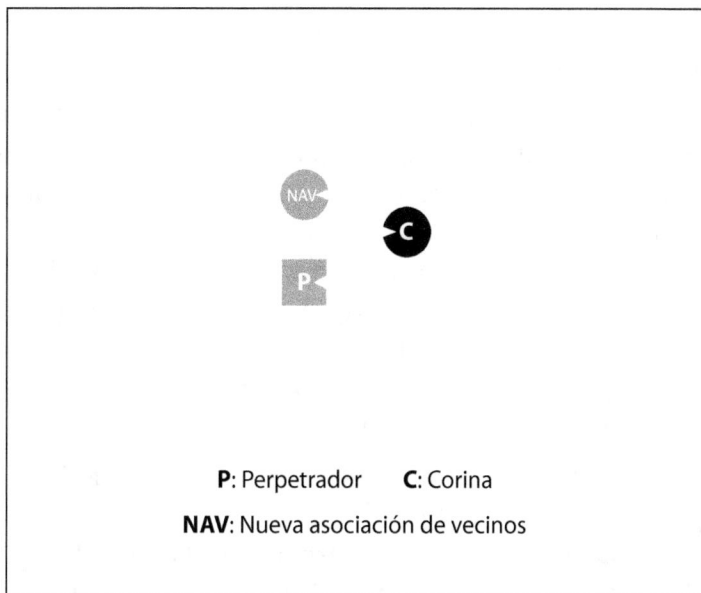

P: Perpetrador   C: Corina
NAV: Nueva asociación de vecinos

Gráfico 2

CC (a Corina): Gracias a él te pudiste encontrar con ella.

Adicciones y ejercicios

Las adicciones son dolores muy grandes que la persona no soporta y, por lo tanto, recurre a ellas para anestesiarse y así procurar obviar lo que tanto le duele. Cuando una persona tiene una codependencia y logra superarla, puede reconocer que gracias a la codependencia, se salvó. Así se observa, una vez más, cómo lo negativo se puede convertir en algo profundamente positivo.

Se puede ser adicto a la comida, a las compras, al cigarrillo, al alcohol, al dinero, a las drogas, a la pareja, etc. En Constelaciones Familiares se observa claramente que las adicciones son profundas lealtades con alguien en la familia, y lo más significativo es que hay otras maneras de ser leal.

Hay visualizaciones que pueden ayudar a identificar a quién de la familia le guardamos esta lealtad. Si fumas compulsivamente, puedes cerrar tus ojos e imaginar frente a ti una gran montaña de cigarrillos consumidos, una gran torre de colillas, y sentir el olor que emana de ella y todas las sensaciones que te genera ver ese cuadro. De pronto te percatas que en su base, esta montaña tiene un hueco. Entra por el hueco y fíjate si ves a alguien. ¿Lo reconoces? ¿De qué sexo es esa persona? ¿Se te parece a alguien?

Con los bebedores, la imagen sería la de una piscina llena de alcohol, en la que se pueden sumergir y ver quién está en el fondo. Con respecto a los obsesivos con el dinero, la imagen podría ser una caja inmensa, llena de billetes arrugados y de mucho uso, en la que se van a lanzar a buscar a un miembro de su familia. Los adictos al juego pueden imaginar una gran ruleta que, en vez de números, tenga las caras de los miembros de la familia. Se pueden imaginar a la bolita girando hasta que se detenga. ¿Sobre qué miembro se detuvo?

Una vez que hayas identificado quién es la persona con quien te encuentras ligado, puede ser papá, mamá o un tío excluido, imagínatela diciéndole: "Ahora estoy aquí y veo lo que has hecho, pero ya no hace falta", "Yo soy tu mejor droga", o "Yo soy tu mejor alcohol", "Drógate conmigo, bébeme todo". El objetivo es darle la bienvenida en nuestro corazón a esa persona cuya ausencia nos genera tanto dolor (circunstancia que nos conecta a la familia), para que ya no surja la necesidad de anestesiarte.

Para verificar si la persona encontrada es aquella a la que guardas lealtad, cada vez que sientas ansias de fumar, beber o incurrir en tu adicción, imagina frente a ti, observándote, a la persona que hallaste en tu visualización. Cuando tengas la imagen clara, dile: "Ahora te veo. Los dos hemos hecho lo mismo. Dame tu bendición si no fumo tanto, si ahora lo hago diferente". Si la ansiedad disminuye, es porque diste con la persona correcta. Sólo queda trabajar para lograr una reconexión menos perjudicial con ella.

CAPÍTULO XII

En vías de la resolución

ECOS DEL PASADO

En ocasiones se utilizan objetos para ocultar las heridas que se tienen, para tapar lo que causa el dolor. Por ejemplo: si a una señora que guarda sus medallas del colegio como su tesoro más preciado se le sugiere que se despida de ellas, se conmovería y diría que no puede. Tal vez sus padres nunca estuvieron presentes y tuvo que hacer su vida en un colegio de monjas, y las medallas son sus únicos logros de aquella época tan difícil. Las oraciones de sanación son: "Papá, mamá, no tuve un hogar como el que quería. Cuánta falta me han hecho".

Otro ejemplo es el de una señora de 60 años, cuyo padre murió cuando ella tenía 8 años. Ella comenta que nunca lo extrañó, pero el problema surgió cuando a su padre lo iban a meter en la urna, y su madre decidió ponerle su almohadita para que él sintiera que su hija lo estaba acompañando. Ya han pasado décadas desde aquel suceso, y esta señora todavía dice que siente mucha tristeza por su almohadita, y aún llora por ella.

Estos objetos son anclajes del pasado, como cuando se guardan las pertenencias de una persona que amábamos y falleció. Hay que recordar que donde está la herida está la sanación, pero "quien vive en el recuerdo, pierde la paz".

EJERCICIO
¿Estoy listo para crecer?

Si guardas un objeto de tu infancia, te invito a que busques ese juguete, esa foto, esa ropa o ese artículo que conservas que sea representativo de tu niñez, y hagas un ritual de despedida. Lo recomendable es hacerlo sin apresuramientos. Es decir, busca un momento en el que tengas tiempo suficiente. Coloca el objeto en una silla y párate delante de él. Míralo con cuidado y recuerda todo lo que representa para ti. Acércate al objeto, siéntate en el piso al lado de él, reconócelo bien, observa sus colores, siente su textura, huélelo, etc. Pregúntate si te sientes listo para crecer, para desprenderte de papá y mamá con amor y conciencia, para la verdadera separación. Ahora levántate, obsérvalo detalladamente por última vez, lentamente dale la espalda y comienza a alejarte de él, poco a poco. Puedes voltear hacia él y ver qué sientes. Una vez que logres distanciarte, regala o desecha el objeto.

EJERCICIO
Con los más pequeños y su regreso al colegio

Este año podemos hacer algo diferente para que los más pequeños puedan comenzar sus actividades escolares y también a sintonizarse con la fuerza que viene de nosotros, sus padres.

En la primera semana, cuando lo(s) estés llevando al colegio en el carro, los despidas antes de que entren al autobús, se los des a tu vecina para que los lleve, se estén desayunando o arreglando, míralos atentamente a sus ojos como si fueran parte de un todo, y diles: "Querido(a) hijo(a): esta semana empiezas el colegio. Quiero que sepas que estoy feliz de haber escogido a tu papá (ó mamá). Sin él (ella), este proyecto no tendría sentido. Tienes nuestra bendición si lo haces diferente a nosotros y sales bien este año en tu colegio".

Ahora, dentro de ti, en tu sentir profundo, allí donde nadie nos mira, sintonízate con las personas de tu familia que no pudieron estudiar; con tus niños abortados (espontáneo o provocado); con las personas que fallecieron a temprana edad, en especial los niños; con las personas con problemas de aprendizaje o retardo mental de la familia, y pídeles que vean a tu hijo con amor cuando comience sus clases y que le deseen que lo haga bien.

En cuanto veas que se retira y ya vaya a entrar al colegio, imagínate que todos estos miembros de la familia, tanto paterna como materna, lo miran con cariño y gentileza y que a él no lo acompaña nadie. Él irá caminando poco a poco, feliz de comenzar, con su inocencia de niño, y tú o ustedes, los padres, se pueden quedar con lo pesado, con la tristeza y el dolor, y mirar que tu hijo puede ir con menos carga.

Agradece a la institución que los acoge, en especial a sus docentes y a todas las personas que laboran en ella. Dales también un reconocimiento a sus amigos, en especial a aquellos con los que día a día se les hace difícil lidiar. Desde aquí, comienzan nuestros hijos a entender que el aprendizaje es difícil y arduo.

Si sientes que este ejercicio es difícil para ti, pues no has sido capaz de reconocer a todo tu sistema de familia, en especial a la pareja que hizo posible que tu hijo esté aquí. Al niño no le quedará otra salida que ocuparse de lo tuyo para ayudarte.

Los niños no ayudan a los padres, son pequeños. Los niños pueden salir mejor en sus actividades escolares si cuentan con la seguridad de que nosotros, como padres, solucionaremos sus cosas, especialmente sus inquietudes emocionales, para que puedan jugar mejor y sean libres de no repetir lo mismo, lo de siempre, lo eterno, lo que a nadie ayuda.¡Feliz comienzo de clases, papás!

Habitar en el centro

Cuando se habita en el centro, estamos vacíos. Allí no hay emoción, intención, ni dolor. Cada vez que se quiera, se puede encontrar ese centro, donde hay ausencia de dolor, de angustia, de tiempo, de parámetros; donde no hay soledad, no hay juicio, no hay bueno ni malo, ni arriba ni abajo, ni limpio ni sucio, ni negro ni blanco; no hay mucho amor ni poco amor. Allí, sólo el corazón late en una conexión profunda con la esencia de la vida.

La purificación incluye aceptar al mundo tal cual como es: con la alegría y el dolor, con la salud y la enfermedad, con la vida y con la muerte. Asentir a la vida genera serenidad. Lo bello y lo terrible forman parte de la misma vida, y se les debe reconocer en su totalidad. Para este reconocimiento se requiere de mucha humildad, pero sólo si se practica se puede comenzar a percibir con exactitud. La percepción íntegra se logra cuando se le da un lugar a todo, sin excluir nada.

EJERCICIO
Tomo la vida toda.

Cierra los ojos e imagina que tus generaciones anteriores se reúnen para darte un obsequio. Abre tus manos: ese obsequio no es otra cosa que la vida. Tómala toda y llévala a tu corazón. La vida es muy grande y lo llena todo. De hecho, puedes sentir cómo la vida inunda cada partícula de tu ser. Luego abre los ojos y, a través de ellos, muéstrale al mundo ese contacto profundo que tienes con la vida.

CAPÍTULO XIII

De lo bueno y de lo malo

"Solemos dividir al mundo en dos partes: una parte que tiene el derecho de existir, y otra que, en el fondo, no debería estar, aunque en realidad está y actúa. A esta otra parte la consideramos mala, o enferma, o una desgracia (y todas las demás expresiones que se suelen emplear). Esto responde a que aquello que nos resulta leve, lo consideramos bueno y ventajoso; y a aquello que nos resulta grave, lo consideramos fatal o malo.

Pero mirando el asunto más detenidamente, vemos que la fuerza que empuja al mundo hacia el progreso y que hace que el hombre madure, surge de aquello que consideramos difícil, malo, o grave. El desafío para lo nuevo nace de aquello que preferimos eliminar o excluir. Por lo tanto, esquivando lo difícil o lo pecaminoso, perdemos precisamente aquello que quisiéramos conservar: nuestra vida, nuestra dignidad, nuestra libertad y nuestra grandeza. Sólo aquel que también encara las fuerzas oscuras y las acepta, se encuentra unido con sus raíces y con la fuente de su fuerza. Tales personas son más que buenas o malas, y están en sintonía con algo más grande: con su profundidad y con su fuerza."

-Bert Hellinger (2002) *El centro se distingue por su levedad*. Barcelona: Herder. Pág. 30

CAPÍTULO XIV

Sobre la responsabilidad de un terapeuta

Pasan lo años, pasan los eventos, pero la vida permanece, con nosotros y sin nosotros. En el futuro, unos vendrán a ser terapeutas y otros serán clientes. No podemos permitirnos pensar que somos salvadores, sanadores, ni mucho menos redentores. Si habitamos en el centro, allí, que contiene todo o nada, sólo seremos personas pequeñas. Esta sintonía es, en verdad, lo que nos hace grandes.

Es importante tomar en cuenta el poder que encierra el trabajo de las Constelaciones Familiares. Si no sabemos manejarlo, si nos afanamos sin asumir la responsabilidad que implica trabajar una constelación y no consideramos las consecuencias que puede tener sobre nuestra alma, podemos a veces encontrarnos en un callejón sin salida, no para nuestra intelectualidad sino para nuestro más profundo ser.

Así como las dinámicas de nuestras familias pasan de generación en generación, si aplicamos y transmitimos este trabajo sin asumir la debida responsabilidad, estaremos comprometiendo a las generaciones siguientes con nuestros actos. Seríamos sólo aprendices de brujos, y sería como si se nos devolviera un hechizo mal realizado que nos afectaría en el tiempo y en el espacio.

Si quieres profundizar más y conocer el trabajo que se hace hoy en todo el mundo, te invito a que visites la página web www.hellinger.com, donde encontrarás, entre otras cosas, un listado de terapeutas calificados en todo el mundo, que realizan este trabajo y que también entrenan personas.

A Dios o adiós

Porque ahora sé que el olor de la tierra y caminar con los pies descalzos significa más que estar por aquí...

Porque ahora sé que el dolor, las crisis y los malos ratos han sido mi mejor guía para no volver...

Porque ver crecer a mis hijos y enseñarles que creer en sus corazones, ser compasivos con ellos y con la vida, lo es todo...

Porque nunca amé tanto a los otros como ahora, al malo, al bueno, al asesino... Todos los que aniquilaron al planeta, todos sin excepción tienen un lugar de amor en mis células....

A los que me hirieron en algún momento y se convirtieron en mis maestros de enseñanzas...

Porque ahora sé la responsabilidad que requiere ser yo en vez de ser una más de...

Porque nunca renuncié al amor, a la poesía, a la música, a los atardeceres y a las plantas que decoran mi hogar...

Porque el tesoro más grande se encuentra en lo sutil, en lo sencillo y lo apacible...

Porque creí en la vida, en sus oportunidades, y las tomé todas desde mi alegría, por mí, no por nadie más...

Porque cuando veo a mis padres y hermanos, mi corazón explota de gratitud infinita, y respetarlos a cada uno como es... ¡Qué libertad tan amorosa!

Porque cuando mi hija apaga las velas, yo pido por todos a la vez…

Porque mis lágrimas ahora vienen de un profundo entendimiento, y dejarme fluir es un adiós (a Dios) para siempre…

Porque cuando enseño algo, es más para mi aprendizaje que para el de los demás…

Que el tamaño de mi cuerpo nunca se asemeja al verdadero tamaño enfrente de la vida. Parecía grande, pero sólo era mi gratitud de tener lo básico para moverme, comer y reír…

Que el dinero y las cosas materiales se multiplicaron cuando solté todo y comprendí que siempre fui millonaria…

Porque entendí que los lugares no están, soy yo la que estoy en ellos. Cada atardecer, cada río y mar siguen estando aquí con su color, su temperatura, que puedo tenerlos eternamente sin volar hasta ellos…

Porque entendí que mi miedo era sólo el verdadero temor a la libertad de vivir como tenía que ser…

Mi maestro de camino, el que me observaba cuando me caía y lograba levantarme, sólo se sonreía de verme aprender, y me daba la oportunidad de dar mis pasos sin negármelos…

Que la inocencia de los niños está en ver el amor por sus padres, los que sean. No había opción para ninguno. Ese es el verdadero amor de todos. A pesar de todo, hubo risas…

Sentir que el verdadero amor en pasión y locura que sentí muchas veces y pensé que los demás tenían que ser iguales a mí, era mi egoísmo de pensar que alguien podría hacerlo como yo…

Explicar qué significa todo esto: sólo en la luz lo entenderían, mi silencio será mi dicha de mirarlos plenamente….

Porque mis hijos miran corazones en las montañas y entienden que son regalos del universo... como regresar después de eso...

Porque nada me pertenece, no controlo nada, todo está hecho ante mis propios ojos...

Porque mi agenda la maneja el Universo, y ésta me deja saber qué viene el próximo día, sólo uno más...

Porque aprendí a recibir de todo: palabras, amor, cariño... Sin correr, mirándome como me correspondía. El profundo respeto que he sentido por todos finalmente me correspondía a mí también....

Porque cuando me visto y cubro mi cuerpo, tiene que ser con lo mejor, pero honrando los colores del arco iris de mi alma....

Porque cuando veo cosas que mi mente no entiende, bajo mi cabeza y no temo, les pido que vayan a la luz, con los suyos...

Porque entendí que mis manos son sanadoras y les di la oportunidad de tocarme...

Por entender que yo decidí todo, nadie más, y fui valiente al encontrarme...

Por todo esto no regreso, y en mi adiós, siempre te digo a Dios...

Carola Castillo

Bibliografía consultada y recomendada

FRANKE, Ursula (2003). *In my Mind`s Eye. Family Constellations in Individual Therapy and Counselling*. Carl Auer System Verlag.

HELLINGER, Bert (2001). *Órdenes del amor. Cursos seleccionados de Bert Hellinger*. Barcelona: Herder.

HELLINGER, Bert (2002). *El centro se distingue por su levedad. Conferencias e historias terapéuticas*. Barcelona: Herder.

HELLINGER, Bert y TEN HÖVEL, Gabriela (2002) *Reconocer lo que es. Conversaciones sobre implicaciones y desenlaces logrados*. Barcelona: Herder.

McGOLDRICK, Mónica y GERSON, Randy (2000) *Genogramas en la evaluación familiar*. Barcelona: Gedisa.

PREKOPP, Jirina (2003) *Si supieran cuánto los amo*. México: Herder.

SCHÜTZENBERGER, Anne Ancelin (1998) *The Ancestor Syndrome. Transgenerational Psychoterapy and the Hidden Links in the Family Tree*. London/New York: Routledge.

SHELDRAKE, Rupert (1995) *The Presence of the Past. Morphic Resonance and the Habits of Nature*. Rochester: Park Press.

ULSAMER, Bertold (2002) *Sin raíces no hay alas. La terapia sistémica de Bert Hellinger*. Barcelona: Luciérnaga.

WEBER, Gunthard (ed) (2001) *Felicidad dual. Bert Hellinger y su psicoterapia sistémica*. Barcelona: Herder.

Earth | edition

www.earthedition.org

www.ingramcontent.com/pod-product-compliance
Lightning Source LLC
LaVergne TN
LVHW052029080426
835513LV00018B/2236